. . . rund ums Haus

Heidi Howcroft

Hecken und Zäune, Gitter und Mauern

Grenzen setzen rund ums Haus

Callwey

*Titelbild: Eine beispielhafte Vorgarteneinfriedung.
Das wiederkehrende Motiv der Säulen vereint und
verbindet die Überschneidung zweier unterschiedlicher
Einfriedungsarten (siehe Seite 153).*

*Abbildung Seite 2
Grenzen rundherum, das Haus und der Garten als Insel in
der Landschaft.
Chatsworth, England.*

Die Deutsche Bibliothek – CIP-Einheitsaufnahme
Hecken und Zäune, Gitter und Mauern: Grenzen
setzen rund ums Haus / Heidi Howcroft. [Vorw. von Charlotte
Blauensteiner]. – München: Callwey, 1993.
(. . . rund ums Haus)
ISBN 3-7667-1061-3
NE: Howcroft, Heidi

© 1993 by Verlag Georg D. W. Callwey, München
Alle Rechte vorbehalten, auch die des auszugsweisen
Abdruckes, der photomechanischen Wiedergabe und der
Übersetzung.
Umschlagentwurf Baur + Belli Design, München,
zur Abbildung siehe auch Abbildung Seite 153
Satz Edith Mocker, Eichenau b. München
Druck Druckerei Himmer, Augsburg
Bindung Buchbinderei Nething, Weilheim/Teck
Printed in Germany 1993
ISBN 3-7667-1061-3

INHALT

GRENZEN SETZEN

Begrenzung als Verhaltenssignal

Gärten und Parkanlagen, vom Menschen gezähmte Natur, bedürfen ihrem Begriff und Wesen nach einer Begrenzung. Diese Begrenzung hat eine zweifache Bedeutung: einerseits ist sie ein Hinweis auf erwünschte oder notwendige Verhaltensformen; andererseits ist sie ein Gestaltungsmotiv in größeren oder kleineren Lebensräumen. Ersteres mag mit der wichtigen Rolle zusammenhängen, die Eigentum an Grund und Boden seit jeher gespielt hat. Der Boden ernährt den Menschen, dort bringt er seine Arbeit ein; er muß ihn aber auch gegen den Nachbarn abgrenzen, um ihn für sich nutzen zu können und ihn vor Übergriffen und Zerstörung zu schützen. Diese Einstellung, entwicklungsgeschichtlich definiert, ist auch heute noch latent vorhanden.

Unabhängig vom Eigentumsbegriff, vielleicht schon früher entwickelt, gibt es jene instinktive Haltung, die den Menschen, übrigens auch höherstehende Tiere, dazu führt, sein Umfeld abzustecken, also ein Verhalten, das bereits in Jäger- und Sammlerkulturen existiert; ein überschaubares Gebiet zwar nicht als Eigentum abzugrenzen, aber als Territorium zu beherrschen, ein Gebiet, mit dem einen ein bestimmtes Zugehörigkeitsgefühl verbindet. Und das bedeutet für andere: »bis hierher und nicht weiter«. Es geht um die Privatsphäre, die man von dem allgemeinen, dem öffentlichen Raum abgrenzt . . .

Grenzen setzen, den privaten Bereich gegenüber dem öffentlichen, aber auch gegenüber dem Bereich des Staates zu erhalten, hat sich gegen alle Versuche ideologischer oder politischer Art mit dem Ziel, das Gemeinschaftliche als das allein Gültige einzuführen, durchgesetzt. Die Idee der Datscha hat gewissermaßen den Kommunismus besiegt; der Garten am Stadtrand war in den ehemaligen Oststaaten jahrzehntelang ein Hort des Privaten, Zuflucht und Auslauf für die Gefangenen einer erzwungenen Kommunität und damit Symbol der passiven Resistenz.

Das Abgrenzen muß aber nicht unbedingt zwischen Privat und Öffentlich stattfinden; es ist durchaus auch im öffentlichen und halböffentlichen Bereich nötig. Dort sind es dann meist bestimmte Zonen, die einer Gruppe vorbehalten sind – also z. B. Kinderspielplätze in Parkanlagen. Manchmal sind Einfriedungen als Nutzungshinweise zu verstehen, etwa bei Blumenbeeten am Straßenrand – und zugleich natürlich als Schutz vor Zerstörung. Dazu gehört auch der jetzt nicht mehr »verbotene« Rasen, der sich doch von den anderen Bereichen abheben soll. Charakteristisch für alle Begrenzungen von Grünanlagen ist das Transitorische. Die Grenzen haben je nach gegebener Situation mehr oder weniger Bedeutung. Maßgeblich ist sowohl die wirtschaftliche wie die politische Lage. In guten Zeiten ist man offener, in schlechten schottet man sich ab. Ob grandiose Mauern oder leichte, lichtdurchlässige Gitter, das spiegelt auch die politische Situation über das Sicherheitsgefühl eines Volkes wider.

Begrenzung als Gestaltungsmotiv

Begrenzungen sind nicht nur durch ihr Vorhandensein wirksam, sondern auch durch das *Wie* ihrer Gestaltung. Dies gilt für den Großraum Stadt wie für den kleinen Hausgarten. Abgrenzungen von öffentlichen wie privaten Grünflächen sind Akzente im Städtebau und in der Städteplanung. Sie bestimmen das Gesicht einer Stadt. Wie man mit dem Grün umgeht, das sagt viel über die Mentalität der Bürger und gleichfalls über die Einstellung der kommunalen Verwaltung aus. Das gilt für die Anlage und in gleicher Weise für Form und Pflege und natürlich auch für die Begrenzung von Gärten und Parks.

Selbstverständlich sind die verschiedenen Bauordnungen und Vorschriften ein Regulativ: wichtig, wenn es darum geht, »Auswüchse« im buchstäblichen Sinn zu vermeiden und alle Arten von Gartenzwergen in Grenzen zu verweisen. Nicht ungefährlich, wenn die Eingriffe bis zu einer schikanösen Bevormundung der Bürger reichen.

Welcher Art sind nun die Begrenzungen? Im wesentlichen sind es Mauern, Zäune bzw. Gitter oder Hecken.

Mauern meist dort, wo zugleich ein Haus oder größerer Besitz geschützt werden soll; Zäune sind in ländlich geprägten Gegenden häufig – hier spielen die Tradition und auch die Zugänglichkeit des Materials (Holz) eine große Rolle. Bei Zäunen und noch mehr bei den Gittern aus Metall oder Draht wird die Grenze durchsichtig, man kann hinausschauen, man soll durchaus auch hineinschauen in den schönen Garten, aber man markiert sein Territorium. Hecken schließlich findet man an Orten, wo die Begrenzung möglichst wenig betont werden soll und man die Verschmelzung mit der Natur – etwa zwischen Nachbargrundstücken – über die trennende Funktion stellt. Auch hier gibt es Landschaftstraditionen, die weiterwirken. Wie ja überhaupt eine gewisse Unterordnung unter ein größeres Konzept (Stadtplanung) oder eine dominierende Landschaftsform empfehlenswert ist: Diese Begrenzungen sind am schönsten, wenn sie wirken, ohne aufzufallen, zumindest entspricht das sicher am besten unserer gegenwärtigen Auffassung.

Begrenzungen – historisch

Daß die Auffassungen im Lauf der Geschichte unterschiedlich waren, zeigt ein kleiner historischer Rückblick:

Im Mittelalter waren die Gärten meistens ummauert, das heißt, sie lagen innerhalb der umfriedeten Burganlage; sie waren immer klein, mehr Zweck- als Ziergärten, wo man medizinische Kräuter oder Blumen für die Kirche zog. Also eine völlig abgeschlossene Welt – und »draußen« gab es nur Landschaft.

In der Renaissance orientierte man sich an der Gartenkunst der Antike – man mußte vieles wieder lernen. Die repräsentativen Villen umgaben ihre Gärten noch immer mit festen Mauern. Erst Palladio verlängerte im 16. Jahrhundert die Generalachse des Gartens über dessen Grenze hinaus (Villa Barbaro di Maser), schloß also den Garten an die Landschaft an und hob die Begrenzung auf.

Das durchaus menschliche Maß der Renaissancegärten mußte im Barock dem Totalitätsanspruch der Herrscher von Gottes Gnaden weichen, die auch die Natur nach ihrem Willen gestalteten. Der Garten war eine Weiterführung der Architektur und nach streng rationalen, geometrischen Normen angelegt, Schauplatz prunkvoller Feste, theatralischer Darbietungen und gesellschaftlicher Zusammenkünfte auf dem »Parkett«. Die Blickachsen täuschten Grenzenlosigkeit allerdings nur vor, die Gärten endeten dann doch an einer Mauer.

Das Tor aber, der pompöse Eingangsbereich, wurde immer mehr geschmückt und betont. In der Nachfolge wurden die Mauern nach und nach durch Gitter abgelöst, denn diese kamen dem verspielten Formempfinden und der Naturpoesie des Rokoko entgegen, wo man »Schäferszenen« im Garten ansiedelte. Als Begrenzung wurden manchmal statt Mauern auch Gräben angelegt, so daß Landschaft und Garten miteinander verschmolzen.

War das noch eine »gespielte« Natur, entwickelte sich mit der Aufklärung der Wunsch nach echter Naturerfahrung, der später, in der Romantik, dann bis zur gefühlsmäßigen Übertreibung anwuchs. Die »Entgrenzung« des Gartens aber blieb den Engländern vorbehalten. Der Naturgarten sollte nur dem Wandern und dem Reiten dienen, und seine Begrenzungen sollten möglichst unauffällig der Landschaft angepaßt sein. Also in jeder Beziehung der »demokratische« Gegensatz zum aus dem Barock übernommenen Herrschaftsgarten, wenn auch als Besitztum selbst nicht weniger exklusiv.

Im 19. Jahrhundert erst begannen die Besitzver-

*Grüne Grenzen –
Vorgartenhecken als
Gliederung des Straßen-
raums und Schutz für die
Erdgeschoßwohnungen.
Wohngebiet Berliner Straße.
Landschaftsarchitekt:
Gottfried Hansjakob.*

hältnisse an Gärten eine Rolle zu spielen. Das wohlhabend gewordene Bürgertum wollte sehr wohl zeigen, was es hatte und wollte sich auch sehen lassen, jedoch gut vom Volke abgeschirmt. Von der Architektur ausgehend, beeinflußte der Historismus desgleichen die Gartengestaltung – man denke an die Jagdhäuser und Gartenhäuschen. Parallel dazu zeichnete sich in der Industriegesellschaft eine Tendenz gegen die Zerstörung der Natur ab. Die Besitzer begannen erstmals damit, ihre Gärten selbst zu bearbeiten, auch aus gesundheitlichen Gründen. Aber gerade bei den bescheideneren Gärten wurde die Absicht deutlich, Grenzen sichtbar zu machen. Am klarsten trat das bei den »Vorstadtgärten« zutage, die eigentlich geschrumpfte Villengärten waren. Der Boden wurde knapp, also blieb bei diesen Bürgerhäusern – oft waren es schon Mietshäuser – nur mehr ein schmaler Streifen als Vorgarten und nicht viel mehr neben und hinter dem Haus. Eine bewußte Distanz zur

Straße, zum Nachbarn, wie es sich »eben gehörte«. Und so entstand eine Vielfalt von Einfriedungen, meist Gitter, die einen Blick auf die vornehme Fassade erlaubten und Licht und Luft heranließen, aber dennoch alles Fremde abwiesen. Gitter oder Kombinationen von Mauern und Gittern prägen auch heute noch das Bild dieser Vorstadtbezirke in älteren Städten.
Je mehr sich das Jahrhundert seinem Ende zuneigte, desto materieller wurde die Einstellung zum Garten; er wurde als physische und psychische Regenerationsquelle angesehen.
In der englischen Gartenstadtbewegung kam noch das gesellschaftliche Moment dazu – jeder sollte einen eigenen Garten haben können. Kleingärten waren der Erholungsort breiterer Schichten, in beiden Weltkriegen überdies oft lebensrettende Basis der Selbstversorgung. Doch kaum ging es den Leuten besser, wuchsen wieder Blumen statt Kohl. Einfriedungen waren da also eine Notwendigkeit; aber es ist auch be-

zeichnend, daß bei einer ganz typischen Klein-gartenform, dem Schrebergarten, zu hohe und zu dichte Einfriedungen nicht gestattet sind – war es doch das Ziel, mit diesen Gärten auch die (politische) Gemeinschaft zu fördern. Also gibt es dort vorwiegend durchsichtige Grenzen, Hecken oder Maschendraht.

Erstaunlicherweise wurde in der Zeit des Funktio-nalismus die Einstellung zum Garten wieder emotionaler, die Erneuerung der Seelenkräfte zum literarischen Schlagwort. Und die Blut- und Bodenbewegung der dreißiger und vierziger Jahre (nicht nur in Hitlerdeutschland) hinterließ Spuren in der Gestaltung und so manchen un-passenden »rustikalen« Zaun.

In den achtziger Jahren wurde die »Grünbewe-gung« ganz allgemein zur Leitlinie. Immer mehr Menschen pflegen liebevoll ihre Gärten. Was die Gestaltung und ebenso die Begrenzung betrifft, finden sich hier dieselbe Vielfalt und verwirrende Formenmischung wie auf allen Gebieten des Design.

Vielleicht macht sich eine gewisse Neigung zu mehr Phantasie, zu unkonventionellen Lösungen bemerkbar, mit allen »postmodernen« Gefahren, die damit verbunden sind. Auf jeden Fall wird der Garten immer privater und kann deshalb immer weniger auf Begrenzungen verzichten.

Freiheit ohne Grenzen?

Die Freiheitsbewegungen im Anschluß an das magische Jahr 1968 haben auch ihre Auswirkun-gen auf die allgemeine Stadtplanung und auf die Gartengestaltung gehabt. Damals trat man vehe-ment dafür ein, Abgrenzungen zwischen dem privaten und dem öffentlichen Raum nach Mög-lichkeit völlig aufzuheben. Mauern, Gitter oder Hecken sollten zwischen den Gärten nichts verlo-ren haben, eine einzige Grünlandschaft sollte

verbindend zwischen den Gebäuden gemein-sam genutzt werden.

Wenngleich diese Ideen durchaus positive Er-gebnisse und einige brauchbare Modelle ge-meinschaftlicher Gestaltung in sonst vernachläs-sigten Großstadtzonen hervorbrachten, müssen sie insgesamt mehr in den Bereich der Ideologie oder besser Utopie eingeordnet werden. Sicher ist es möglich, jedes Feindbild mit Begren-zungen und Einfriedungen zu illustrieren, und diese Bedeutung haben solche Begrenzungen im Lauf der Geschichte ja immer wieder gehabt. Aber daneben gibt es auch ein ganz legitimes Bedürfnis nach privatem Lebensraum. Das sieht man ganz deutlich an den manchmal geradezu absurden Versuchen, bei Terrassenwohnungen etwa einen »eigenen« Bereich abzustecken – rüh-rend und zugleich ein Beweis dafür, daß eben nicht jeder in der Öffentlichkeit leben will.

In jüngster Zeit hat man diese utopischen Ideen zwar nicht ganz aufgegeben, aber doch ver-sucht, ihnen den richtigen Platz einzuräumen. Öffentliches Grün, wo es gebraucht wird, in Parks, auf Plätzen, im Umfeld großer Siedlungen. Abgeschlossene Gärten aber dort, wo indivi-duelle Entfaltung gewünscht wird. Es gibt einige hervorragende Beispiele, wie solche Lösungen aussehen könnten. Entscheidend ist aber, daß man sich über eines im klaren ist: Die wahre Frei-heit ist diejenige, die freiwillig Grenzen setzt – weil damit auch die Freiheit der anderen gewähr-stet ist. Wie lebendig und vielfältig diese Grenzen sein können, hat sich bei der Gartengestaltung erwiesen.

Charlotte Blauensteiner, Wien

EINFRIEDUNGSORDNUNG

Die Zeiten der Burgmauer als schützend absperrende Einfriedung liegen in der Geschichte weit zurück. Mancher Bürger hat zwar den Wunsch, sich abzukapseln, sich hinter hohen Hecken oder Mauern zu verbergen, jedoch ist dies in unserem modernen Großstadtgefüge kaum möglich.

Ebenso störend wie das Abriegeln ist die totale Öffnung. Die vermeintliche Großzügigkeit, die Verschmelzung von privatem und öffentlichem Bereich, führt lediglich zu Verhaltensstörungen und Verwirrung. Die städtebauliche Struktur jeder Stadt und sogar jedes Dorfes beruht auf einer ineinanderfließenden Abfolge von Grundstücken, unterteilt durch Straßen, dicht bebaut in der Mitte und aufgelockert in den Randzonen. Die Grundstücke sind nicht alleinstehend, sondern umrahmt und eingefaßt. Dadurch entsteht eine eindeutige Vorderseite, Rückseite und Längsseite, jede Seite mit eigener Wertigkeit und Funktion.

Kaum eine Einfriedung kann frei gestaltet und gebaut werden. Die Restriktionen sollen nicht hinderlich sein, sondern eher die Entscheidung zum Typ und Einfriedungsausmaß erleichtern. Zuordnung, Standort und Einfriedungstyp folgen logischen Gesichtspunkten. Die aufgeführten Leitlinien sollten Entscheidungskriterien sein.

Zuerst ist die Funktion und damit der Stellenwert der Einfriedung zu gliedern.

Vereinfacht gesehen können Einfriedungen in vier Ordnungen eingeteilt werden:

1. Ordnung: die Vorderseite, die Vorgarteneinfriedung
2. Ordnung: die Rückseite
3. Ordnung: die Längsseiten –
   die Nachbargrenzen
4. Ordnung: Grenzen und Trennung innerhalb
   des Gartens

DIE SCHAUSEITE, DIE VORGARTENEINFRIEDUNG

Der Vorgarten ist die Repräsentationszone des Hauses. Die Einfriedung sollte zuallererst den Charakter der Umgebung und die städtebaulichen Belange aufnehmen, aber gleichzeitig Hinweise zum Haus selbst geben. Diese Doppelfunktion, straßenbegleitendes Element wie auch Eintritt zum Haus, ist wichtig. Die Einfriedung gibt dem Haus einen Rahmen, der die Architektur einfaßt und begrenzt. Sie vermittelt einen Eindruck vom Hausherrn und von dem, was man im Haus selbst erwarten kann.

*Die Schauseite: schmiede-
eisernes Gründerzeitgitter mit
integriertem Einfahrtstor.
Wien, 19. Bezirk.*

Haus und Zaun bilden eine farblich abgestimmte Komposition. Fast blickdicht, wirkt der Zaun wie ein Schleier, durch den der Hintergrund schimmert.

Nicht die Haustür, sondern das Gartentor ist das Entrée zum Privatbereich. Das Gartentor muß leicht zu identifizieren sein und in seiner Ausführung zur Einfriedung passen.

Durch einheitliche Höhe und Material wie auch eine durchgehende Flucht können die unterschiedlichen Baustile in einer Straße zusammengefaßt werden. Eine Kette mit ähnlichen, aber bei näherer Betrachtung doch unterschiedlichen Bindegliedern.

Kombinationen und Überlagerungen von Materialien, wie beispielsweise eine geschnittene Hecke hinter dem Eisengitter, die fast wie ein geschlossener Vorhang wirkt, Schling- und Kletterpflanzen über Zäune und Gitter drapiert, können zur Verschönerung beitragen und als individuelles Statement wirken. Die Wertigkeit der Vorgarteneinfriedung ist nicht zu verleugnen. Sparmaßnahmen können an anderer Stelle getroffen werden, aber nicht an der Schauseite des Hauses.

DIE RÜCKSEITE

DIE NACHBARGRENZEN, ABSTANDSHALTER UND ZWECKGESTALTUNG

Im Falle des allseits umschlossenen Grundstücks ist die Rückseite wie die Längsseiten zu behandeln. Je nach Grundstücksschnitt und Lage kann die Rückseite an einer Straße, einem Andienungsweg oder Feld liegen, in manchen Fällen sogar an einem Bahndamm oder an einer stark befahrenen Straße. Im letzteren Fall sind Sichtund Lärmschutzzäune oder Erdmauern notwendig, die das Anwesen vom erhöhten Lärmpegel abschotten. Eine Reihe von speziell lärmschluckenden oder -abweisenden Mauern und Zäunen sind im Handel angeboten. Technisch erprobt, sind sie nur in Material und Gestaltung unterschiedlich. Eher funktionell als optisch bereichernd, sind die Einfriedungen wegen ihrer Höhe und ihres Ausmaßes nicht zu kaschieren. Lärmschutzzäune und -mauern sind eine Wissenschaft für sich. Die Beratung und der Bau solcher Einfriedungen sollte nur von Fachfirmen erfolgen. Bei der Auswahl sollte nach der Wirkungsbreite gefragt werden, um zu gewährleisten, daß nicht nur der Garten, sondern auch das Haus vor Lärm und Einblicken geschützt wird.

Zusätzlich zum Haupttor kann ein rückwärtiges »Gärtnertor« gewünscht werden. Dieses soll bescheiden und fast versteckt in die Einfriedung eingefügt sein.

Zurückgesetzt – beinahe versteckt – liegt der Nebeneingang.

Grundsätzlich soll die Einfriedung zu den Nachbargrundstücken den Gartencharakter aufnehmen. Ein direkter Bezug zur Architektur des Hauses ist nicht notwendig. Die Grenzen sind vielmehr Abstandshalter und Zweckgestaltung. Strenge Linien, die den Garten in Abteilungen gliedern, sind nicht immer vorteilhaft und können, wenn sie nicht mit dem Innenleben des Gartens abgestimmt sind, sogar öde und einfallslos wirken. Für breite Gärten ist eine lockere, leicht geschwungene, blühende Hecke empfehlenswert. Sie nimmt den Parkcharakter auf und vermeidet eine starre tablettähnliche Gartenfläche. Eine Hecke alleine als Schutz gegen Durchdringen ist selten ausreichend. Sie ist in den ersten Jahren nicht dicht genug und wird meistens mit einem Maschendrahtzaun ergänzt.

Bei Neubauten gehören die Maschendrahtgrenzzäune zur Grundausstattung. Die Grenzen sind dadurch zwar markiert, bieten aber keinerlei Sichtschutz und sollten daher durch Hecken oder Schlingpflanzen kaschiert werden.

Bei jeder Arbeit an der Grundstücksgrenze müssen die Vorschriften des Nachbarrechts Beachtung finden (s. Seite 151 ff.). Im Interesse eines friedlichen Zusammenlebens sollten alle Maßnahmen vorher mit dem Nachbarn geklärt werden. Trotz des Wunsches, sich abzuschirmen, sollten Blickkontakte über die Grenze auch möglich sein. Das Plaudern über den Gartenzaun gehört zum Leben im Garten.

Durch geschickte Grenzgestaltung kann ein Garten mit einem ungünstigen Schnitt optisch verbessert werden. Breite, kurze Gärten können durch perspektivisch wirkende Hecken gestreckt, lange, schmale Gärten durch gut plazierte Ausbuchtungen in der Hecke verbreitert werden.

*Transparente Grenzgestaltung: Wiederbelebung eines
historischen Gartens in München.
Zuständig für die Restaurierung:
Landschaftsarchitekt Gottfried Hansjakob.*

*Eine dichte, geschwungene Grenze zum Nachbar-
grundstück bilden die Eiben im Figurenschnitt. Bei der
Ausführung mußten die erforderlichen Abstände zur
Nachbargrenze eingehalten werden.
Landschaftsarchitekt: Günther Schulze.*

GRENZEN UND TRENNUNGEN INNERHALB DES GARTENS

Die Bedürfnisse und die Phantasie gestalten die Grenzen innerhalb des Gartens. Art, Höhe und Ausmaß (ausgenommen Bauwerke) sind frei. Spalierzäune, Hecken in allen Formen, Zäune innerhalb von Zäunen, vom Terrassenspalier bis zur Beeteinfassung, die Möglichkeiten der Gestaltung sind unzählig.

Vor der Ausführung sollte man sich überlegen, wie die Einfriedung auf den Garten wirken wird. Wie wird der Lichteinfall beeinflußt? Werden Mikroklimen entstehen? Werden vorhandene Pflanzungen beeinflußt?

Staudenbeet, unterteilt durch ein beranktes, freistehendes Spalier. Hidcote Manor Garden, England.

In manchen Fällen kann es hilfreich sein, Schablonen in die gedachten Standorte zu stellen, um die Wirkung auszuprobieren.

Es kann eine Abfolge von Gartenräumen geschaffen werden, jeder Bereich mit einer anderen Funktion – vom traditionellen Gemüsegarten bis zum Spielraum. Bei dieser Gestaltungsform muß der Blick auf den Garten vom ersten Stock oder von höheren Geschoßen bedacht werden.

Villa in einer Art »heimatstiligen« Jugendstils. Die Ornamentik auf dem Zaun ist auf die Fensterläden abgestimmt. Mödling bei Wien.

LEITLINIEN ZUR AUSWAHL UND GESTALTUNG VON EINFRIEDUNGEN

Bei dem reichhaltigen Angebot von Einfriedungsarten die richtige Entscheidung zu treffen, ist oft schwierig. Die Bilder in der Werbung sehen verlockend und vielversprechend aus, vermitteln das gewünschte Ambiente und Atmosphäre – aber paßt der Zaun, das Gitter dann auch wirklich zum eigenen Haus und zur Umgebung? Grundrecherchen sind gefragt. Zusätzlich zum Blättern in den Prospekten ist ein Spaziergang durch die umliegenden Wohnviertel sehr wichtig. Nur anhand von bereits ausgeführten Beispielen wird man mit der Realität konfrontiert. Die Straßen dienen als Musterschauen, die Einfriedung kann nach Funktion, Ästhetik und Wirkung zum Haus und Straßengefüge beurteilt werden. Diese Vorgaben bilden die Entscheidungsgrundlage.

DER GRUNDTYPUS – HECKE, GITTER ODER ZAUN

Früher wurde das Material, das man zur Hand hatte, verwendet. Ganze Gegenden waren von einem Material geprägt. So entwickelten sich selbständige Einfriedungskulturen, die den Landschaftscharakter widerspiegeln.

Die Grundregel für die Verwendung von örtlich vorgefundenem Material trifft auch heute noch zu: zur freien Landschaft, zum geologischen Vorkommen und zur Kulturlandschaft passend. Im Siedlungsbereich der Städte sind die Linien verwischt, die geologischen Grundlagen werden von den städtebaulichen überlagert. Hier sollte entsprechend dem Ortscharakter – ob Vorort, reine Wohnsiedlung oder Kernbezirk – die Einfriedung in gärtnerischer oder städtischer Art ausgeführt werden. Innenbezirke und Gründerzeitviertel sind von Gittern auf Sockeln, gegliedert durch Pfeiler, eventuell ergänzt mit Hecken, geprägt. Dagegen werden Holzzäune und Hecken in Wohnsiedlungen vorgefunden. Insbesondere bei Neubauten innerhalb einer gewachsenen Struktur wirkt die Einfriedung als verbindendes Glied. Von jedem Einfriedungstyp gibt es genügend Variationsmöglichkeiten, so daß es theoretisch zu keiner eintönig geregelten Typenanwendung kommen muß. Es besteht immer ausreichend Spielraum, die Bandbreite etwa von Lattenzäunen oder Gittern auszuschöpfen. Ein Potpourri von Materialien und Stilarten wirkt verwirrend und verunsichert. Ein Bungalow mit Walmdach sollte nicht von einem Gitter mit Steinpfeilern umrahmt sein, ebensowenig ein Gründerzeit-Stadthaus mit Jägerzaun umzirkelt werden. Ein Urlaub in Mexiko sollte nicht Veranlassung sein, einen Zaun im Hacienda-Stil vors Häuschen zu setzen.

rechts oben
Zaun oder Hecke – Lösung
für das Problem des Einfrie-
dungstyps eines Doppel-
hauses in England.

Zu jedem Haus der passende Einfriedungstyp. Die Kombination von angedeuteter lockerer Hecke und Lattenzaun auf einer Grundmauer ist farblich mit dem
Haus abgestimmt.

Zeitlos und schlicht: Einfriedungsgitter und Balkon in einer
gemeinsamen Formsprache. Wien, 13. Bezirk.
Architekt: Adolf Loos.

rechts unten
Eine Einfriedung passend
zum Gartenstadt-Charakter
der Wohnsiedlung, eine
geschnittene Vorgarten-
hecke hinter eine
Natursteinstützmauer.

Die formal aufeinander abgestimmten Komponenten einer gebauten Einfriedung: Pfosten, Sockel, Gitter, Vorgartentor und Einfahrtstor.

Die Bestandteile einer gebauten Einfriedung

Jede gebaute Einfriedung besteht aus mehreren Komponenten, zum Teil ersichtlich, zum Teil aus konstruktiv unsichtbaren Teilen wie Fundamenten. Aus der Funktion gewachsen, sind sie Bestandteil der Einfriedung.

Mauern bestehen aus gemauerten oder verschalten Teilen, notwendigen konstruktiven Versteifungen wie Pfeilern und Stützen, einer Abdeckung und Fundamenten.

Holzzäune bestehen aus Einzelfeldern, deren Länge sich nach Höhe und Gewicht des Holzes richtet, gehalten durch Pfosten, die in Fundamente gesetzt sind.

Holzzaunfelder auf Sockeln oder Grundmauern sind in regelmäßigen Längen aufgeteilt. Zusätzlich zum Zaunfeld und zu den Sockeln besteht der Zaun aus Pfosten und unsichtbaren Fundamenten.

Gitter aus Metall werden zwischen Pfeiler aus Stein oder Beton gehängt. Wenn notwendig, kann das Gitter direkt auf dem Sockel aufliegen und bei hohen Gittern mit zusätzlichen Stützen versehen werden.

Pfosten und Pfeiler

Pfosten oder Pfeiler tragen die Zaunfelder. Ihr Ausmaß, Anzahl und Abstand hängen vom Gewicht des Zaun- oder Gitterfeldes wie auch von der Länge der Einfriedung ab. Die Anzahl der Felder wird über den Einfriedungsverlauf ermittelt. Die Pfosten bestehen aus Holz, Pfeiler dagegen sind aus Naturstein, Ziegel, Klinker oder Beton; in ihrem Material und ihrer Oberflächenstruktur passend zum Sockel.

Sockel

Der Sockel, auch Grundmauer genannt, ist eine klare Abgrenzung, ein Sauberkeitsstreifen, in Bodenebene zwischen Hinterkante Gehweg und Vorgarten, zwischen befestigter und bepflanzter Fläche. In einfachster Form besteht er aus einem Betonleistenstein mit 8 cm Höhe. In der Regel ist der Sockel einer kleinen Mauer zwischen 20 und 100 cm hoch, aus Beton, Klinker oder Naturstein, mit abgerundeten Kanten und gewölbter oder dachförmiger, wasserabweisender Oberfläche.

Eine grandiose Toranlage an einer Gründerzeitvilla in München, wie sie heute kaum mehr ausgeführt wird.

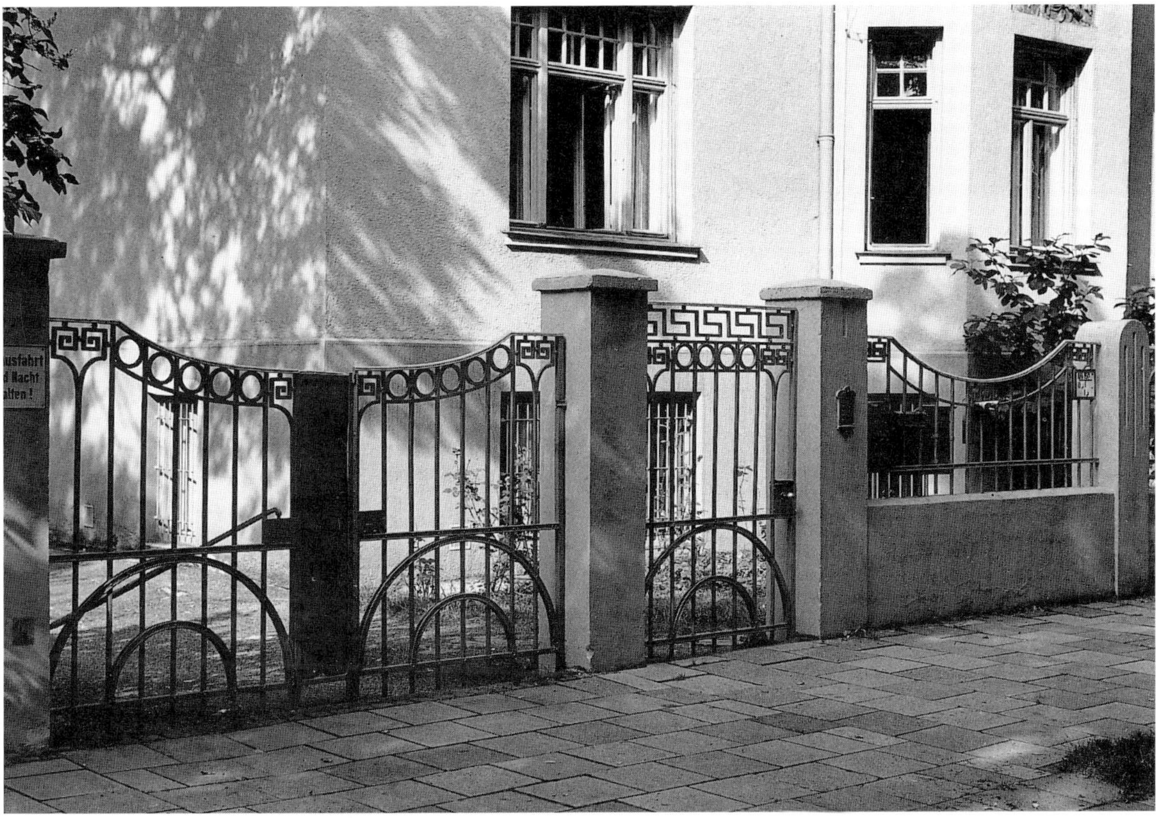

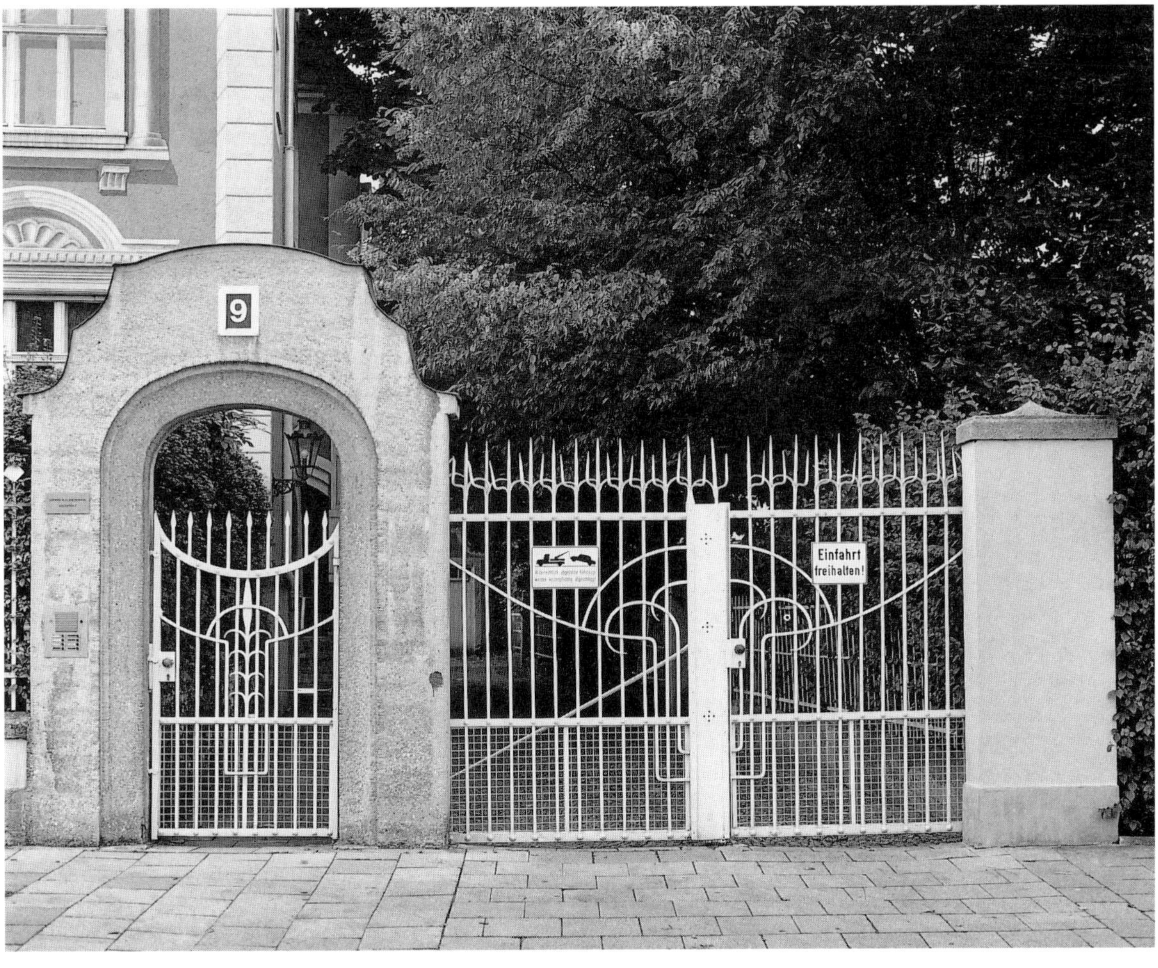
9
Einfahrt
freihalten!

Alles ist in Holz gehalten. Durch die Farben werden die Einzelteile des Zaunes – das Tor, die Pfosten und die Abdeckleiste – hervorgehoben.

TORE UND EINFRIEDUNGEN

Die Tore sollen leicht zu erkennen sein, gewissermaßen aus der Einfriedung wachsen und ihrer Funktion (entweder als Haupt- oder Nebentor) entsprechen. Durch die Betonung des flanierenden Pfostens kann auf das Tor hingewiesen werden. Klingel-, Gegensprechanlage und Briefkasten können allesamt im Pfosten integriert werden. Beim Einfahrtstor ist zu überlegen, wie das Tor zu öffnen ist, entweder per Hand oder Fernsteuerung über Funk. Sollte das Letztere gewünscht werden, ist es ratsam, eine Fachfirma bei der Planung mit einzubeziehen, damit die technischen Einbauten von Anfang an eingeplant werden. Wenn eine lange, gerade Vorgartengrenze vorhanden ist, kann auch ein Rolltor, das auf Schienen zur Seite geschoben wird, geplant werden.

Das Vorgartentor, das Entrée zum Anwesen mit einer Repräsentationsfunktion. Es kann sich von der Einfriedung abheben, hervorstechen, sollte aber materialmäßig zum Einfriedungstyp passen.

Bei Mauern und Hecken können Metall- oder Holztore verwendet werden. In der Höhe darf das Tor der Einfriedung angeglichen oder betont werden. Alle Tore müssen nach innen zum Grundstück und nicht nach außen zum öffentlichen Gehweg oder zur Straße zu öffnen sein.

Das Einfahrtstor kann zusammen mit dem Vorgartentor als Gesamtanlage betrachtet werden, wenn beide nebeneinander liegen. Ist die Entfernung zwischen den beiden Öffnungen groß, so sollte ihre Gestaltung ähnlich, aber ihre unterschiedlichen Funktionen klar ersichtlich sein.

Das Seitentor, Hintertor, Nebentor oder Gartentor soll bescheiden, fast versteckt gestaltet werden und sich nicht von der Einfriedung abheben.

Kleine Details –
Müll- und Briefkästen

Der Müllplatz mit Tonnen oder Containern sollte nach Möglichkeit in die Einfriedung integriert sein. Nachträgliche Ergänzungen gestalten sich schwierig und sind meist häßlich, darum sollte von Anfang an die Plazierung genau überlegt sein.

Wenn die Briefkästen nicht direkt an oder neben der Haustür angebracht werden, müssen sie in ausreichender Größe entweder in den Pfeilern oder an den Zaunfeldern plaziert werden. Im letzteren Fall ist der Briefkasten nur als Schlitz mit Abdeckung vorne erkenntlich, der Briefkasten selbst ist zum Garteninnern hin angebracht.

Toranlage entsprechend dem »örtlichen« Baustil und Charakter des Hauses. Die Farbgebung des Tores, passend zur Haustür, verleiht dem Ganzen eine harmonische Note.

MASS-STÄBLICHKEIT

Die Höhe der Einfriedung ist entscheidend. In der Regel sollte sie 1,20 bis 1,50 m betragen (s. Seite 152 f.). Niedriger wirkt sie eher als Zierband denn als Grenzgestaltung.

Bei manchen Einfriedungsarten sind eindeutige Höhen vorgegeben, insbesondere ist dies der Fall bei Hecken. Leider ist der Typ »Liliputaner-Jägerzaun« allzu bekannt. Gedacht als Ergänzung zum höheren Sockel, wurde hier der Sockel vergessen, der Zaun mit 60 cm Höhe als Stolper-Barriere gesetzt.

Die Maschengröße muß proportional zur Zaun- oder Gitterhöhe sein; je größer die Maschen, um so höher der Zaun.

Aus der Entfernung gesehen, werden Bau und Einfriedung als eine Einheit wahrgenommen. In dieser Hinsicht sollte die Einfriedung mit der Fassade abgestimmt sein. Bei Neuausführungen kann es hilfreich sein, die gewünschte Einfriedungsart auf eine Fotografie des Hauses aufzuskizzieren, um sich von der Wirkung vor Ausführung zu überzeugen.

Um ein Blumenbeet innerhalb eines Gartens sollte die Einfriedung ihrer Funktion entsprechend niedrig bis höchstens 60 cm Höhe, um den Gemüsegarten bis 100 cm betragen. Gartenräume dagegen sollen nur mit Hecken oder Spalieren in Mannshöhe gestaltet werden.

STATIK UND STABILITÄT

Gebaute Einfriedungen, Zäune, Gitter und Mauern sind kleine Bauwerke. Sie müssen standfest gegen Wind, Stoß und andere Drücke und vor allem in sich stabil sein. Einfriedungen ab 90 cm Höhe wie auch deren Fundamente sollten vom Statiker berechnet und nur von Fachfirmen ausgeführt werden.

KOSTEN

Die Kosten spielen – wie bei jedem Bauwerk – auch bei der Einfriedung eine entscheidende Rolle. Weder das Billigste noch das Teuerste muß die beste Lösung sein. Eine Einfriedung ist als Investition zu sehen, schließlich wird sie nicht alle Jahre ausgewechselt. Eine schöne Einfriedung hebt den Wert des Hauses und wird im Falle eines Verkaufs ebenso wie die Wände, Fenster und Türen in den Gesamtpreis mit eingerechnet.

Um den Gesamtpreis zu ermitteln, sind die Pflegekosten zu den Anschaffungskosten hinzuzurechnen.

Bei den einzelnen Einfriedungstypen ist grundsätzlich fertige Laufende-Meter-Ware für die Zaunfelder und die dazugehörigen Pfosten, die selbst montiert werden, preisgünstiger als eine Sonderanfertigung. Dabei ist zu bedenken, daß jede Sonderanfertigung vom Handwerker, gleich ob Schreiner, Zimmerer, Schlosser oder Schmied, eine Maßanfertigung ist. Die Einfriedung wird samt Pfosten und Betonfundament und sonstigem Zubehör hergestellt, geliefert, montiert und je nach Bedarf zugeschnitten.

Bei einer Selbstmontage müssen die Kosten für zusätzliches Material für Pfosten und Sockel, Zubehör, Beton, Fertigen von Paßstücken wie auch der Zeitaufwand für Werkzeugbeschaffung und Montage selbst zum Preis hinzugerechnet werden.

Die Größe, Art, Höhe und Dichte der Heckenpflanzen bestimmt den Preis. Große vorbereitete Heckenpflanzen mit Wurzelballen sind teurer als kleine Stecklinge. Wer Geduld hat, kann die kleine Ware kaufen, wer aber sofort eine Hecke braucht, muß gute größere Pflanzen kaufen.

Ebenso wie man bei Zäunen, Gittern und Mauern auf eine fachgerechte, qualitätvolle Ausführung abzielen soll, darf bei der Hecke nur gute Qualität verwendet werden, fachgerecht gepflanzt und gepflegt.

Maschendrahtzäune sind eine billige Einfriedung. Sie werden meistens anschließend von Pflanzen kaschiert, so daß diese Kosten auch der Einfriedung zugeordnet werden müßten. Durch neue Technologien, vor allem die Kunststoffummantelung, haben diese Zäune heute eine lange Lebensdauer.

Gitter sind neben den Natursteinmauern die teuerste Einfriedungsart, sind aber beständiger als Holzzäune, wie die Gründerzeitgitter beweisen. Außer einem gelegentlichen Anstrich ist kaum weitere Pflege nötig. Bei den Kosten sind nicht nur diejenigen der Gitterfelder, sondern auch solche für Sockel und Fundamente zu berücksichtigen.

Bedingt durch die örtlichen Bestimmungen und Kosten werden Gartenmauern selten gebaut, hauptsächlich im Falle der Instandsetzung denkmalgeschützter Anwesen, zu deren Ensemble eine solche Mauer gehörte. Klinker- und Ziegelmauern sind erschwinglicher als die Natursteinmauern, die inzwischen zur Luxuseinfriedung geworden sind.

HECKEN:
GRÜNE ZÄUNE UND GARTENRÄUME

Hecken sind ein wichtiger Bestandteil der Garten- und Kulturlandschaft. Ob formal und streng architektonisch, locker und ausladend, Monokultur oder buntgemischt, die Auswahl von Hecken ist vielseitig und bietet für jede Situation eine passende Lösung.

Die trennende und schützende Funktion einer Hecke hat ihre Anfänge mit dem Beginn der Gartenkultur. Der Gartenstil änderte sich, Hecken blieben als Funktions- und Gestaltungsgegenstand. Die Beispiele sind unzählbar und reichen allein schon für eine historische Abhandlung aus. Grundsätzlich ist zwischen Hecken in der Kulturlandschaft und im Garten zu unterscheiden. Der Unterschied liegt in den verwendeten Pflanzen, dem Grad der Pflege, vor allem dem Schnitt, und in den Gestaltungsformen. Die Grundregeln der Pflanzung sowie ihre schützende Funktion sind jedoch beiden gemeinsam.

Eine Hecke schützt in mehrfacher Hinsicht: vor Eindringen von Mensch und Vieh, vor Wind, vor neugierigen Blicken. Sie bietet einen Lebensraum für Kleinpflanzen und Fauna, ist ein Refugium in der Natur.

Die Auswahl der Pflanzen hängt von den örtlichen Klima- und Bodenverhältnissen ab wie auch von der gewünschten Heckenform.

Eine fachmännische Pflanzung ist erforderlich. Der Boden sollte gut vorbereitet, der Heckengraben ausreichend tief und breit, die Pflanzen selber von guter Qualität sein.

Die Pflanzen sollten fachgerecht gepflegt werden, die Anzahl der Schnitte und die Schnittform je nach Heckenart erfolgen; besonders in den ersten Pflanzjahren sollte während der Trockenperioden gegossen werden. Bei Feldhecken kann dies unpraktisch sein, deshalb ist es besonders wichtig, nur standortgerechte Pflanzen zu verwenden.

Hecken sind ein lebendiger Zaun, ihr Gesicht ändert sich je nach Jahreszeit, sie bieten eine vertikale Grünfläche in den kleinsten Gärten und bereichern die Kulturlandschaft. Das Wachsen, Gedeihen, Formen liegt in der Hand der Gärtner.

FELDHECKEN

Landstraßen, eingefaßt von Hecken; Felder, gegliedert durch Hecken, mal streng geschnitten, mal breit und ausladend – das sind die Bilder, die zu unserer Vorstellung von einer idyllischen Landschaft gehören.

Viele Landschaften sind von Hecken geprägt: Teile der norddeutschen Tiefebene, der englischen Grafschaften wie Cheshire, der französischen Region Morvan. Im Zuge der Flurbereinigung und Vergrößerung der Felder sind viele Hecken beseitigt worden. Landschaften wurden verändert, der Naturhaushalt stark beeinträchtigt, die Hecken durch Drahtgespann ersetzt. Allmählich kehrt eine Rückbesinnung ein, der Wert einer Hecke wird erkannt. Zum einen schützt sie das Feld vor Wind und Erosion, trennt ein Feld vom anderen und stellt eine klare Grenzmarkierung dar, zum anderen bietet sie Lebensraum für Flora und Fauna.

Durch die ganz unterschiedlichen Anforderungen kann eine Feldhecken-Art nicht direkt in den Garten übernommen werden. Einzelne Aspekte könnten jedoch in passenden Gärten eingefügt werden. Bebaute Grundstücke am Siedlungsrand sollten für die Grenzeinfriedung den Charakter und Typ der örtlich vorgefundenen Landschaftshecke übernehmen. Grundsätzlich ist zwischen drei Typen Feldhecken zu unterscheiden:

— Die schmale, bis zu 1,30 m Höhe gestutzte Feldhecke, die einer regelmäßigen Pflege bedarf. Hier ist zu differenzieren zwischen »auf den Stock« gesetzten Hecken und Knickhecken.
— Die Wallhecke, im Prinzip eine gestutzte Feldhecke, auf einen Wall gesetzt.
— Die breite, ausladende, höhengestaffelte, lockere Hecke.

Die zu verwendenden Pflanzen sind abhängig vom örtlichen Boden und den Klimaverhältnissen.

ganz links
Der Pate der Vorgartenhecken: eine Feldhecke, wie sie in fast ganz Europa zu finden ist.

links
Eine gepflegte Wallhecke in Ortsnähe, für die eine interessante Abfolge von Pflanzen verwendet wurde: Rotbuche, Stechpalme und Weißdorn.
Cheshire, England.

oben
Ein Heckengarten: wegbegleitende, raumtrennende Rotbuchenhecken und Buchsbaumhecke als zarte Linie vor der Buchenlaube.
Landschaftsarchitekt: Joachim Winkler.

links oben
Weidenruten als »lebende« Umzäunung. Die Weiden schlagen Wurzeln, treiben aus und bilden eine dichte natürliche Hecke, die sich besonders für Auenlandschaften eignet.
Gesehen auf der Landesgartenschau Ingolstadt, entworfen vom niederländischen Künstler Sjoerd Buismann.

Knickhecke bei Ybbsitz, Niederösterreich, kurz nach dem Schnitt. Die abgeschnittenen geraden Haseläste werden in die Lücken der Hecke geflochten. Die Pflege der Tradition des Haselhecken-Schnitts wird vom »Niederösterreichischen Distelverein« unterstützt.

Auf den Stock gesetzte Hecken

Um die Dichte am Fuß beizubehalten, muß eine Hecke in regelmäßigen Abständen auf den Stock gesetzt werden (diese Methode wird auch für die Gewinnung der langen geraden Ruten zum Korbflechten angewandt). Die Arbeit wird je nach Wachstum etwa in einem 10-Jahres-Rhythmus im Winter durchgeführt. Die Äste werden gesäubert, seitliche Äste, die eventuell zum Flechten oder als Pfählchen verwendet werden, werden geschnitten. Die Hauptäste werden bis auf den Stock, das heißt etwas über Bodenniveau geschnitten, um den Austrieb zu fördern. Die langen, geraden Äste werden zum Zaunbau oder als Pfähle verwendet. Weiden, Haseln, Hainbuchen können alle in diese Form geschnitten werden. Die resultierende Heckenform ist, wenn ausgewachsen, besenförmig und breit. Nach dem Schnitt wirkt sie sehr kahl und ist während dieser Phase ein ausgesprochener Eingriff in den Naturhaushalt.

Knicks, Knick-Hecken

Zusätzlich zum ein- oder sogar nur zweijährigen Schnitt werden die schmalen 1–1,5 m hohen Hecken regelmäßig ungefähr im 7- bis 10-Jahres-Rhythmus gestutzt. Die Äste werden etwa 50 cm über Bodenniveau angeschnitten, längs in die Hecke geknickt und anschließend gelegt. Pfähle können in die Hecke geschlagen werden, um mehr Halt zu geben. Die dünnen Äste werden in die Hecke geflochten, um eine Dichte vorzutäuschen, bis die Pflanzen treiben. Bei dieser Hecke ist es üblich, einzelne ausgesuchte Pflanzen, wie Ahorn, Ulme und Eiche in bestimmten Abständen nicht zu schneiden, sondern sie als Baum entwickeln zu lassen. Wenn die Knicks nicht regelmäßig gepflegt werden, drohen die Hecken zu Baumreihen durchzuwachsen.

Wallhecken

Um eine höhere und breitere Einfriedung zu gestalten, wird die schmale »auf den Stock« gesetzte oder Knickhecke mit einem Wall und Graben kombiniert. Gräben werden parallel zur Grenze gezogen, die Erde zu einer Seite als Wall gehäuft und auf den Wall die Hecke gepflanzt. Von Art und Pflege her gleicht die Hecke der »auf den Stock« gesetzten oder Knickhecke. Der Platzbedarf beträgt mindestens 2,50 m Breite. Die Höhe kann bei entsprechender Breite bis 3,00 m sein. Die Wallhecke wird primär für die Viehhaltung und entlang von Landstraßen verwendet.

Breit ausladende, hohe Hecken

Diese Heckenform entsteht aus einer der Natur überlassenen Hecke oder einer absichtlich breiten und sortenreich gepflanzten Hecke, die sich frei entwickeln konnte. Die Zufälligkeit und natürliche Wuchsform der Hecke steht im Widerspruch zum kerzengeraden Verlauf am Feldrand. Im Feldzwickel kann sich die Hecke sogar zum kleinen Wäldchen ausdehnen. Eine reiche Vielfalt von Sträuchern, Klein- und Großbäumen wie auch Wildrosen und Wildstauden zeichnet diese Hecke aus.

Die bis zu 5 m breiten Hecken zwischen Wirtschaftsweg und Feld, entlang Bahntrassen, als Windschutz oder als Kennzeichen des Besitzerwechsels innerhalb des Feldrasters, sind gleichsam Paten vieler lockerer Gartenhecken. Wegen des großen Platzbedarfs ist die wahre Form dieser Hecke selten in einem Hausgarten realisierbar.

GARTENHECKEN

Ein Garten ohne Hecke ist kaum vorstellbar. Neben der schützenden Funktion spielen gestalterische Gesichtspunkte eine wichtige Rolle bei der Auswahl des Heckentyps. Die gestalterischen Möglichkeiten sind vielseitig und kaum auszuschöpfen, reichen von zweckmäßigem bis spielerischem Einsatz.

Es ist zwischen zwei Heckenarten zu unterscheiden, der lockeren Hecke und der geschnittenen Hecke.

Lockere, blühende Hecken

Als einer Ableitung von Feldhecken steht bei dieser Hecke der ländliche und natürliche Charakter im Vordergrund. Im Idealfall sollte die Hecke aus der Wiesen- oder Rasenfläche herauswachsen und in ihrer Gesamtheit betrachtet werden. Hier kommt der Landschaftscharakter am besten zur Geltung. Nur in größeren Gärten kann das volle Ausmaß der lockeren Feldhecke übernommen werden. Für den gewöhnlichen Gartenraum kann in der Regel nur die Idee der Hecke, zugeschnitten auf die zur Verfügung stehende Fläche, übernommen werden.

Die Pflanzenwahl und die Abfolge der Pflanzen sind unter Berücksichtigung der Grundregeln freigestellt. Das Ziel ist eine ruhige Abwechslung von Laubformen, Farbtönen, Blüte, Früchten und Herbstfarben. Für das Winterbild sollten auch immergrüne Sträucher gepflanzt werden.

Eine erfolgreiche Komposition ist äußerst schwierig, vergleichbar mit der Gestaltung eines Staudenbeetes. Gute Vorbereitung, Betrachtung von Beispielen natürlicher Hecken zu jeder Jahreszeit, vorsichtige Überlegung bei Verwendung von nichtheimischen Sträuchern, können den Erfolg zwar nicht garantieren, jedoch viel dazu beitragen.

Zur Gestaltung und Ausführung einer blühenden Hecke gehören folgende Grundregeln:

— Es sollte überwiegend eine ortstypische heimische Pflanzung Verwendung finden. Exotisch wirkende Sträucher sollten nur vereinzelt an ausgesuchten Standorten innerhalb der Hecke gepflanzt werden.

— Ausreichend Platz sollte vorhanden sein. Eine versetzte zweireihige Hecke hat in ausgewachsenem Zustand einen Platzbedarf von mindestens 4 m Tiefe.

— Die Pflanzung muß nach ausgewachsener Höhe gestaffelt werden: niedrige Pflanzen vorne, höhere Pflanzen in der Mitte, mittelhohe dazwischen.

— Ein schnurgerader Verlauf der Hecke ist unpassend, leichte Ausbuchtungen und sanfte Kurven sollten vorgesehen werden.

— Strauchrosen aller Arten, Wildrosen wie die Hundsrose *(Rosa canina)* sind prädestiniert für die Verwendung in einer lockeren Hecke.

— Zur blühenden Hecke gehört eine reiche Krautschicht (Stauden, Gräser, Farne), die sich am Fuß und am Rand der Hecke entwickeln kann.

— Die in Katalogen und Büchern abgebildeten Farben von Blüten, Früchten und Laub entsprechen nicht immer genau den Naturfarben. Es ist ratsam, sich über die Farben in natura zu vergewissern.

Die Hecke allein, ob nieder oder hoch, ist nicht unbedingt eine dichte Einfriedung. Vor allem am Fuß der Sträucher ist ein Durchdringen möglich. Um Mensch und Tier fernzuhalten, kann entweder ein niedriger Maschendrahtzaun, der mit der Zeit zuwächst und von Laubgrün verschluckt wird, durch die Hecke gezogen oder am Rande der Hecke ein Holzzaun gesetzt werden.

Auch bei einer natürlichen Hecke ist Pflege notwendig. Je nach Strauchart sind ein Verjüngungsschnitt und Auslichtung in regelmäßigen Abständen notwendig, meist jährlich im Spätherbst.

rechts
Abschnitt einer lockeren blühenden Gartenhecke aus u. a.
dunkelblättriger Corylus purpurea, hellgrüner Cornus
kousa, rosa blühender Rosa virginiana und Amelanchier
canadensis komponiert. Ergänzt durch eine Stauden-
pflanzung am Fuß der Hecke.

Eine Kolkwitzienhecke als Abschluß des Gartens. Obwohl
Kolkwitzia amabilis eine fremdländische Pflanze ist, fügt
sich ihre lockere Wuchsform gut in die hiesige landschaft-
liche Umgebung ein.

rechts unten
Für Rosenliebhaber: eine blühende Hecke zwischen
Grundstücken. Im Hintergrund rot blühende »Gruß an
Heidelberg« und gefüllt dunkelrosa »Rosarium Uetersen«,
im Vordergund hellrosa »Centenaire de Lourdes«.

BLÜHENDE HECKENPFLANZEN

Eine Auswahl nicht heimischer, blühender Pflanzen, in Kombination zu verwenden mit den heimischen Pflanzen, um eine lockere, blühende Hecke zu gestalten.

Lateinischer Name	Deutscher Name	maximale Höhe	Blüte
Amelanchier	Felsenbirne	2,50–8,00 m	cremeweiß
Buddleia davidii	Schmetterlingsstrauch Sommerflieder	2,00–3,00 m	weiß, rosa, violett
Chaenomeles	Zierquitten	1,00–2,00 m	alle Rottöne
Deutzia	Deutzie, Sternchenstrauch	0,80–3,00 m	weiß oder rosa
Forsythia	Forsythie	1,00–3,00 m	gelb
Kerria japonica	Ranunkelstrauch	1,50 m	gelb
Philadelphus	Gartenjasmin	1,50–3,00 m	weiß
Spiraea	Spierstrauch	0,40–2,00 m	weiß oder rosarot
Syringa x chinensis	Chinesischer Flieder	3,00 m	lila
Syringa vulgaris (Veredelungen)	Edel-Flieder	6,00 m	weiß, lila, purpur, gelb
Viburnum fragrans	Duft-Schneeball	3,00 m	rosa
Weigelia	Weigelie, Glockenstrauch	3,00 m	rosa, rot

EINE AUSWAHL NATURNAHER, HEIMISCHER HECKENSTRÄUCHER

Lateinischer Name	Deutscher Name	max. Höhe	Blüte	Herbstfarbe
Acer campestre	Feld-Ahorn Hecken-Ahorn	10 m	—	gelb-rötlich
Cornus mas *	Kornelkirsche	7 m	gelb/grün	gelb
Cornus sanguinea	Roter Hartriegel	3 m	weiß	scharlachrot
Corylus avellana	Haselnuß	6 m	gelbgrün Kätzchen	gelb
Crataegus monogyna	Weißdorn	5 m	weiß, streng duftend	orange-braun
Euonymus europaeus	Pfaffenhütchen	3 m	gelb-grünlich	orangerot bis rot
Ligustrum vulgare	Liguster	5 m	weiß — in kalten Gegenden violett	immer- grün
Lonicera xylosteum	Gemeine Hecken- kirsche	3,5 m	gelb	
Prunus padus	Traubenkirsche	10 m	weiß	gelb-orange
Prunus spinosa *	Schlehe, Schwarzdorn	4 m	weiß	gelb
Rhamnus catharticus	Kreuzdorn	4 m	gelbgrün, unangenehm duftend	gelb
Rosa canina	Hundsrose	3 m	rosa einfach	Hagebutten
Rosa glauca	Hechtrose	3 m	rot einfach	Hagebutten
Rosa rubiginosa	Weinrose	3 m	rosa einfach	Hagebutten
Rubus fruticosa *	Wildbrombeere	2 m	weiß	
Rubus idaeus *	Himbeere	2 m	weiß	
Salix caprea	Salweide	5 m	gelbe Kätzchen	
Sambucus nigra *	schwarzer Holunder	7 m	weiß	
Viburnum lantana	wolliger Schneeball	4 m	weiß, streng duftend	
Viburnum opulus	Gemeiner Schneeball	4 m	weiß	orange

* mit eßbarer Frucht

GESCHNITTENE HECKEN

Eine geschnittene Hecke bildet eine eindeutige Trennung, ob als Vorgartenhecke oder als niedrige Beeteinfassung.

In der Welt der Hecken besteht eine klare Hierarchie:

Grüne Mauern, mannshoch, präzis geschnitten, raumbildende Elemente, als Fortsetzung von Innenräumen gleichzeitig Kulisse, Rahmen und Hintergrund.

Tabletthecken, schulter- oder hüfthoch, zum Darauf- und Darüberschauen: klare, ebene Flächen im Mittelfeld des Gartenraumes oder im Vorgarten.

Einfassungshecken von feinen Strichen bis zu plumpen, wurstähnlichen Hecken um Blumenbeete, Kräutergärten, Rasenflächen wie auch Kiesflächen. Ein Gestaltungselement, das aus der Draufsicht betrachtet werden soll. Ein Höhepunkt und die vollendete Form der Einfassungskunst sind zweifelsfrei die Heckenparterres.

Die historischen Beispiele sind zahllos, vom italienischen Renaissance-Parterre, Barock-Heckentheater, englischen Topiary-Gärten des 17. Jahrhunderts bis hin zur Verschmelzung aller bekannter historischer Formen in den Heckengärten des 19. und Anfang des 20. Jahrhunderts.

Geschnittene Hecken sind der Inbegriff der Vorgartenkultur. Ordentlich und millimetergenau geschnitten, passen sie zum englischen Rasen wie zu gepflegten Rosenbeeten und sind ein Zeugnis des Eifers und Könnens des Gärtners. Die Vorliebe zum Schneiden und Schnippeln ist ein gärtnerisches Phänomen, das man in allen Ländern mit einer traditionellen Gartenkultur findet.

Die Formung und Verformung von Natur ist ein Bestandteil der Gartenkunst, die nur während der Naturbewegung der englischen Landschaftsgärten und modernen Naturgärten gemildert angewandt wurde.

Im Garten ist zwischen der nach außen schützenden Gartenhecke und den garteninternen Trennhecken zu unterscheiden. Die Pflanzentypenwahl sollte den Funktionen entsprechend erfolgen. So ist eine Lavendelhecke als Vorgartenhecke ungeeignet, ebenso wie eine Hainbuchenhecke als Beeteinfassung.

Im Fall der Vorgartenhecke spielt die Umgebung eine wichtige Rolle. Fremdländisch wirkende Feuerdornhecken sind in einer ländlichen Umgebung unpassend. Es sollte vermieden werden, in Straßen mit überwiegender Thuja-Heckenbepflanzung durch Neupflanzung von Thujen den monotonen Friedhofscharakter noch zu betonen. Hier ist ein Beitrag zur Umweltverschönerung durch die Pflanzung einer einheimischen Heckenpflanze, wie der Hainbuche, angebracht. Hecken sind eine langfristige Angelegenheit. Die Idee einer sofort ausgewachsenen Hecke ist utopisch. Die Hecke muß sich entwickeln können. In den ersten Jahren ist daher immer eine gewisse Durchsichtigkeit gegeben.

Gartenräume

Sogar der kleinste Garten läßt sich in Gartenkabinette trennen. Durch geschickte Verwendung der Hecken kann ein kleiner Garten optisch verlängert und durch abgestufte Heckenbuchtungen verbreitert werden: Gestaltungstricks, die einen Garten bereichern können.

Hecken können die Funktion eines Gartenbereiches betonen und vom restlichen Garten trennen. Einzelne Elemente können »zelebriert« werden, zum Beispiel eine Hecke als Rahmen zum Sitzplatz, Skulpturen in Heckennischen, ein Rosenbeet, das von niedrigen Hecken umzirkelt ist.

*Hecken als Einfassung und Trennung in einem Stadtgarten: im Hintergrund
eine Rotbuchengrenzhecke, rechts eine niedrig gehaltene Thujahecke,
Buchsbaum als geschwungene Einfassungshecke.
Landschaftsarchitekt: Joachim Winkler.*

Straßengrün: eine Vorgartenhecke aus Liguster.

Gartenkunst mit Hecken – ein italienischer Renaissancegarten. Villa Ruspoli bei Vignanello.

*Ein Gartenabteil in Knebworth Gardens, England, ein-
gefaßt von einer mannshohen Eibenhecke. Ein Gestal-
tungsvorschlag für einen Reihenhausgarten.*

Ein Sitzplatz, eingerahmt von einer Rotbuchenhecke.

GÄNGIGSTE HECKENPFLANZEN FÜR GESCHNITTENE HECKEN

Lateinischer Name	Deutscher Name	Höhe von bis	Mindest-breite	Abstand zwischen den Pflanzen	Bemerkungen
Acer campestre[1]	Feldahorn	1–3 m	1 m	50 cm	eher ländliche Hecke
Buxus sempervirens var. sempervirens[*]	Buchsbaum	0,8–3 m	1 m	60 cm	glatte Fläche, wenn geschnitten
Buxus sempervirens »Suffruticosa«[*]	Einfassungs-Buchsbaum	20–60 cm	10 cm	25 cm	beliebter Einfassungsbuchs
Carpinus betulus[1]	Hainbuche	1,2–4 m	1 m	45 cm	behält getrocknetes Laub während des Winters
Chamaecyparis lawsoniana[*]	Scheinzypresse	1,5–4 m	1 m	1 m	schnellwachsend, in unterschiedlichen Grüntönen erhältlich
Cornus mas[1]	Kornelkirsche	1,2–2,5 m	1 m	50 cm	
Crataegus monogyna[1]	Weißdorn	1,2–3 m	1 m	45 cm	Dornenhecke, besonders gut für Viehhaltung, anfällig für Feuerbrand
Fagus sylvatica[1]	Rotbuche	1,2–4 m	1 m	45 cm	behält getrocknetes Laub während des Winters
Fagus sylvatica »Atropurpurea«	Blutbuche	1,2–4 m	1 m	45 cm	wie Rotbuche
Ilex aquifolium[*][1]	Stechpalme	1–3 m	1 m	1 m	gedeiht nur in milderem Klima, wenig Beeren, wenn geschnitten
Lavandula angustifolia	Lavendel	0,30–0,60 m	25 cm	25 cm	wird holzig, wenn alt
Ligustrum vulgare[*][1]	Liguster	1–3 m	1 m	1 m	langsam wachsend, dichte Hecke, in kälterem Klima nur halb-immergrün
Ligustrum vulgare [*] *»Lodense«*	niedriger Liguster	50–70 cm	50 cm	40 cm	sehr kompakte Hecke
Lonicera pileata	Böschungsmyrte	40 cm	70 cm	45 cm	niedrige kompakte Hecke
Prunus laurocerasus	Lorbeerkirsche	1–2 m	1 m	75 cm	große, glänzende Blätter, auch als lockere Hecke
Pyracantha coccinea	Feuerdorn	1,5–3 m	1 m	75 cm	dornig, gelbe oder rote Beeren, wenige, wenn geschnitten
Ribes alpinum[1]	Alpenbeere	1–2 m	1 m	75 cm	
Santolina chamaecyparissus[*]	Heiligenkraut	0,50 m	70 cm	30 cm	Staude, muß alle fünf Jahre ersetzt werden, Silberlaub, gelb blühend, gut in Küstengegenden
Spiraea	Strauchspier	0,5–1,5 m	50 cm	je nach Sorte unterschiedlich	
Symphoricarpos	Schneebeere	1–1,5 m	1 m	75 cm	unterschiedliche Beerenfarbe je nach Sorte
Taxus baccata[*][1]	Eibe	1–5 m	1 m	75 cm	hervorragende Hecke, dicht, leicht zu formen, langsam wachsend
Thuja[*]	Lebensbaum	1,5–4 m	1 m	75 cm	schnell wachsend, dichte Hecke

[*] immergrün
[1] heimisch

Heimische Heckenpflanzen für geschnittene Hecken, Laubgehölze

Alle aufgeführten Pflanzen sind gut schnittverträglich und als Gartenhecke geeignet. Für weitere Informationen über die einzelnen Pflanzen wie über erhältliche Arten können die speziellen Pflanzenbücher und Baumschulkataloge zu Rate gezogen werden.

Acer campestre, Feldahorn, Heckenahorn

In ausgewachsener Form ist der Feldahorn ein bis zu 15 m hoher Baum, als Heckenpflanze jedoch erstaunlich vielseitig. Man kann ihn als Teil einer Feldhecke wie auch als geschnittene Hecke in einem historischen Garten finden.
In einer Feldhecke wird der Feldahorn zusammen mit anderen Heckenpflanzen entweder als lockere Hecke, Wallhecke oder auf den Stock gesetzte Hecke gepflanzt. In der Regel ist die Hecke nicht höher als 150 cm. Als Teil eines Parterre- oder italienischen Gartens wirkt die Ahornhecke durch regelmäßigen Schnitt dicht und erstaunlich glatt. Bei Neupflanzung sind Heister von 60 bis 200 cm Höhe wie auch vorgezüchtete Heckenware von 80 bis 125 cm Höhe erhältlich. Für eine breite Hecke sollten die Pflanzen versetzt in zwei Reihen gepflanzt werden.
Klima- und Bodenansprüche: Wärme, leicht kalkhaltiger Boden, verträgt Trockenheit.

Pflanzplan für eine Hecke im Dreieck-Verband (versetzte Reihen) mit mittigem Draht.
Die Angaben, aus einem antiquarischen Buch stammend, haben heute noch Gültigkeit.

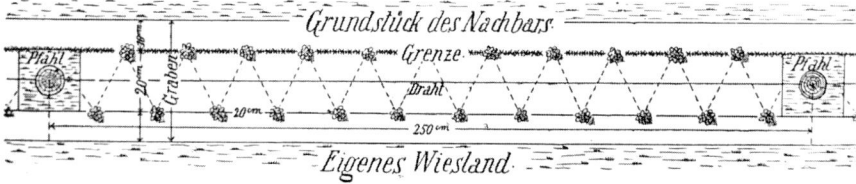

Eine ungewöhnliche Hecke: Spitz-
ahorn (Acer platanoides)
überkreuzt gebunden. Durch
regelmäßiges Schneiden wird der
Wuchs in Grenzen gehalten.
Wien, 19. Bezirk.

Feldahorn als kastenförmige Tabletthecken. Hofgarten, München.

Cornus mas, Kornelkirsche

Eine Hecke, in Höhe und Breite wie auch im Winterbild ähnlich dem Feldahorn. Kornelkirschenhecken können sowohl niedrig (60 cm) als Beeteinfassung wie auch bis 1,50 m gehalten werden. Mehrfach werden sie in Wohngebieten als Vorgartenhecke gepflanzt und bieten eine Alternative zur Hainbuchen-Hecke.
Klima- und Bodenansprüche: keine besonderen Klimaansprüche, kalkverträglich, wächst auch auf steinigen und Lehmböden.

Crataegus, Weißdorn, Scharlachdorn

Eine ausgesprochen ländliche Hecke, die zwar seltener in Gärten vorgefunden wird, aber durchaus in den passenden Gegenden eingesetzt werden könnte. Aufgrund der Dornen ist Weißdorn eine gute abweisende Hecke, im Winter ohne Laub jedoch nicht besonders dicht. Die weißen Blüten und roten Beeren bieten eine weitere Attraktion. Wegen der Anfälligkeit zum Feuerbrand (Blätter zeigen Flecken, Blüten trocknen, ähnlich einem Brandschaden) wurde *Crataegus,* insbesondere *Crataegus monogyna,* in den letzten Jahren wenig verwendet. Inzwischen werden die von den Baumschulen angebotenen Pflanzen streng geprüft und sind frei von Krankheit.

Zwei Arten kommen in Frage:

— *Crataegus coccinea (C. pedicellata),*
  Scharlachdorn, mit auffällig weißen, duftenden Blüten.
— *Crataegus monogyna,* Weißdorn,
  ein heimischer Strauch, der wenig geeignet für das Stadtklima ist. Verträgt »auf den Stock setzen« gut.

Klima- und Bodenansprüche: keine Klimaansprüche, fruchtbarer, kalk- und lehmhaltiger Boden bevorzugt.

Ribes alpinum, Alpenjohannisbeere

Erhältlich in verschiedenen Züchtungen (z. B. »Schmidt«), bildet die Alpenjohannisbeere eine ausgesprochen gärtnerische Hecke. Die Höhe reicht von 100 bis 200 cm, ist jedoch am besten bis 130 cm Höhe. Die Wuchsform ergibt eine breite Hecke, so daß eine einreihige Pflanzung durchaus ausreichend ist. Regelmäßige Pflege ist erforderlich, um die Form zu halten. Diese Pflanze ist als streng geschnittene Hecke nicht so geeignet, sie bricht leicht auseinander, und die Blütenpracht wird an mehrjährigem Holz durch das Schneiden reduziert.
Klima- und Bodenansprüche: keine besonderen Klimaansprüche, gedeiht in kalkhaltigen, nährstoffreichen Böden.

Carpinus betulus, Hainbuche, Weißbuche und
Fagus sylvatica, Rotbuche

In der Anwendung als geschnittene Hecke in Vorgärten oder als Trennwände innerhalb des Gartens sind sowohl Hainbuche als auch Rotbuche sehr geeignet.
Die Beispiele der Verwendung reichen von einer Riesenhecke im Schloß Schönbrunn bis zur Müllplatzumrahmung in einer Wohnsiedlung. Eine Heckenhöhe von 1,20 bis 6 m oder mehr ist möglich. Die Rotbuche ist wegen ihrer Wuchskraft für große Hecken besonders geeignet. Hainbuchen- und Rotbuchenhecken wirken zu jeder Jahreszeit, alleine oder auch als Hintergrund für eine Staudenbepflanzung. Ein ausgesprochener Vorteil der beiden Pflanzen ist das Laub, das als braune, getrocknete Blätter im Winter hängen bleibt und erst beim Austrieb fällt. So ist eine gewisse Dichte der Hecke auch im Winter gewährleistet.
Die Unterschiede liegen bei näherer Betrachtung in der Blattform und in den Standortbedingungen. Während die Rotbuche ovale bis läng-

*Spielparterre, umrahmt mit Kornelkirschenhecken. Liguster
und Eiben sind als Heckenbepflanzung für Kinderspielplätze nicht zugelassen. Deshalb wurde Kornelkirsche als
kompakte Hecke verwendet.
Wohnanlage Berliner Straße, München.
Landschaftsarchitekt: Gottfried Hansjakob.*

Nahaufnahme einer gemischten, geschnittenen Hecke aus
Feldahorn (oben) und Hainbuche (unten).

Blutbuchenhecke. Ein gelegentliches Durchwachsen der
Rotbuchen-Mutterpflanze ist nicht zu vermeiden. Deshalb
können die Hecken unbeabsichtigt hellgrüne Stellen aufweisen.

Skulptur in einer Rotbuchenhecke.
Auffallend sind die frischen grün-glänzenden Blätter des
Frühsommerlaubes.

Rotbuche als Grenzbepflanzung und gleichzeitig als Hintergrund eines Sitzplatzes. Landschaftsarchitekt: Christian Wegener.

Hainbuchenbogen im Botanischen Garten, München.

lich-ovale Blätter mit leicht gewellten Rändern hat, die nach dem Austrieb frisch grün und fast papierdünn wirken, jedoch nachdunkeln und glänzend sind, ist die Blattform der Hainbuche kleiner mit zackigem Rand und Rille. Das Blatt scheint dicker, fester zu sein und hat einen dunkleren, stumpferen Grünton als das der Rotbuche.

Klima- und Bodenansprüche: Rotbuche ist empfindlich gegen Spätfrost, bevorzugt kalkhaltige Böden. Reagiert auf Veränderung des Grundwasserspiegels, Überschwemmung und auf plötzliches Freistellen. Sie ist empfindlich gegen Bodenverdichtung. Deshalb ist die Verwendung in neuen Baugebieten beschränkt und eine Auflockerung der Böden unbedingt notwendig.

Hainbuche ist nicht so empfindlich und wird aus diesem Grund mehr in öffentlichen Anlagen und Wohnanlagen verwendet als die Rotbuche. Sie ist nicht geeignet für heiße und trockene Südhänge oder Staunässe. Sie bevorzugt alle fri-

schen Böden, auch tiefgrundige Sand- und Lehmböden. Lebt in Gemeinschaft mit dem Mykorrhiza-Pilz, den die Pflanze in der Regel mitbringt.

Neben der gewöhnlich grünblättrigen Rotbuche ist auch die Blutbuche *(Fagus sylvatica purpurea)* erhältlich. Eine purpurblättrige Pflanze, die allein oder in Abwechslung mit der grünen Rotbuche eine Bereicherung im Garten sein kann. Die dunkle Farbe schluckt viel Licht und sollte nur in größeren oder hellen Gärten verwendet werden.

Pflanzung, Pflege und Heckenschnitt sind für Hainbuche, Rotbuche wie auch Blutbuche ähnlich. Die Hecke kann einreihig oder in versetzten Doppelreihen gepflanzt werden. Beim Heckenschnitt ist zu beachten, daß der Heckenfuß immer breiter als oben sein sollte und die Seiten konisch zulaufen, um die Dichte zu gewährleisten. Die Pflanzen sind als vorgezüchtete Heckenware in der Höhe von 100 bis 275 cm erhältlich. Bei der Pflanzung muß darauf geachtet werden, daß die Wurzeln nicht austrocknen und daß alle Seiten sofort nach der Pflanzung zurückgeschnitten werden, um das Wachstum zu fördern. Der Heckenschnitt sollte minde-

stens einmal jährlich im Sommer stattfinden, bei
stark wachsenden Hecken im Früh- und Spät-
sommer.
Hainbuche verträgt »auf den Stock setzen« gut,
während Rot- und Blutbuche dafür ungeeignet
sind.

Immergrüne Heckenpflanzen

Buxus, Buchsbaum

Je nach Sorte sowohl als niedrige Einfassungs-
oder Kantenhecke wie auch als mittelhohe
Hecke möglich. Beide geben eine dichte, dunkelgrüne Hecke, die ein Grundgestaltungsele-
ment der Gartenkunst ist. Ob in den italienischen
Renaissance-Gärten, im Barock-Schloßparterre,
den Rosengärten oder in den englischen Gärten
der Jahrhundertwende, die Buchshecke war ein
wichtiger Bestandteil. Buchs läßt sich gut schneiden und formen, so daß sich die künstlerische
Phantasie der Gartengestalter voll entfalten kann.
Eine Zeitlang als historisch abgestempelt, ist
Buchs gut in moderne Gärten integrierbar.
Ein Nachteil der Pflanze ist der unangenehme
Geruch bei Nässe und ihre Beliebtheit bei Hun-
den als Pinkelstation.

*Die schwellenden Formen einer alten Buchsbaumhecke.
Cotswolds, England.*

Buxus sempervirens »Suffruticosa«,
Kantenbuchsbaum

Die Pflanzen werden als Laufende-Meter-Ware
angeboten (in Höhen von 15 bis ca. 25 cm),
wobei die Höhen innerhalb einer Lieferung mit
Toleranzgrenzen von 5 cm variieren können.
Nach der Pflanzung in Einzel- oder Doppelreihen
sollten die Pflanzen auf eine Höhe geschnitten
werden. Für Anfang und Ende der Hecke und für
die Ecken sollten besonders starke Pflanzen ausgesucht werden. Die fertige Höhe der Hecke
kann zwischen 20–50 cm betragen.

Buxus sempervirens var. arborescens,
Hoher Buchsbaum

Die Endhöhe der Hecke kann bis 150 cm betragen. Die Pflanzen sind als Steckling bis Sträucher in allen Höhen von 15 bis 125 cm erhältlich. Der höhere Buchsbaum ist als Einfriedung innerhalb des Gartens entlang von Wegen oder an der Gartengrenze geeignet.
Zum Gelingen einer Buchshecke sollte diese nicht im tiefen Schatten gepflanzt werden. Schwerer Schnee drückt die Äste, hinterläßt Löcher, die Jahre brauchen, bis sie sich wieder schließen. Zum Pflegeprogramm gehört das vorsichtige Wegschütteln oder Fegen von Schnee. Junge Pflanzen können von der starken Sonne im Frühling wie auch von kaltem Wind verbrannt werden. Hier ist ein temporär gespanntes Leinentuch als Schutz sehr hilfreich.
Regelmäßiges, maßgenaues Schneiden im Juni bis Juli, wenn der neue Wuchs noch weich ist, ist erforderlich, um die Form zu erhalten. Um exakte Kanten und Höhen einzuhalten, sollten Hilfslinien aus Stricken gespannt werden, die ein Berg- und Talschneiden vermeiden.
Klima- und Bodenansprüche: Winterhart, wobei hoher Buchsbaum in einem milden Klima besser gedeiht; Einfassungs- oder Kantenbuchsbaum bevorzugt kalkhaltigen, nicht zu trockenen Boden.
Je größer die Pflanze beim Kauf, um so teurer, so daß die Pflanzung einer höheren Hecke eine kostspielige Sache ist.
Passend zur Hecke sind Pyramiden und Kugeln in verschiedenen Größen erhältlich, die an Ecken und markanten Punkten innerhalb der Hecke als Auflockerung und Akzentuierung wirken können. Pyramiden, Kugeln sowie andere Formen können auch von gewöhnlichen Buchsstecklingen gezogen werden.

Hoher Buchsbaum (Buxus sempervirens var. arborescens) als raumtrennendes Element. Der rechte Buchsbaumpfeiler wurde »ausgeflickt«.
Filoli, Kalifornien, USA.

*»Der italienische Garten«, ein Buchsbaumparterre, ergänzt
mit Trittplatten. Gestaltet 1972 von Tobie Loup de Viane,
Château Gourdon, Frankreich.*

*Klassische Verwendung einer Buchsbaumeinfassung
(Buxus sempervirens »Suffruticosa«) für einen Bauern-
garten. Landschaftsarchitekt: Joachim Winkler.*

Ilex, Stechpalme

Eine sehr schöne, abweisende Grenzhecke, die leider wegen der Empfindlichkeit gegen Ostwind und Austrocknen im Winter nur begrenzt verwendbar ist. Dunkelgrüne, glänzende, stachlige Blätter und rote Beeren zeichnen diese Hecke aus. Vielfach in milderen Klimazonen mit wenig Bodenfrost und ausreichend Feuchtigkeit im Winter gepflanzt, ist die Stechpalme im süddeutschen Raum nicht zu empfehlen. Im Zweifelsfall sollte bei der Pflanzenauswahl geprüft werden, ob die Stechpalme gedeihen wird.

Eine sehr langsam wachsende Pflanze, die, um eine Wirkung zu erzielen, groß gepflanzt werden soll. Von den vielen Stechpalmen, die angeboten werden, sind die folgenden frosthart:

— *Ilex aquifolium*
— *Ilex aquifolium* »*Alaska*« und *Ilex crenata,* beide mit kleinen Blättern
— *Ilex x meserveae* »*Blue Prince«,* eine amerikanische Züchtung.

Von einer Vielfalt der Blattgrößen und -farben von Samtgrün bis Gelblich, wie diese in Großbritannien so bekannt sind, muß – vor allem im süddeutschen Raum – abgeraten werden.

Klima- und Bodenansprüche: Wie bereits erwähnt, empfindlich gegen kontinentale Ostwinde und Austrocknen im Winter. Benötigt im Winter Wind- und Sonnenschutz. Gedeiht auf lehmigen, sandigen, moorigen, kalkfreien Böden.

Grenzhecke aus Ligustrum vulgare »Atrovirens«.

Ligustrum, Liguster

Zusammen mit Hainbuche und Eibe eine der klassischsten Heckenpflanzen. Durch eine gewisse Überverwendung in den zwanziger, dreißiger sowie sechziger Jahren war die Pflanzung von Liguster verpönt. Ähnlich wie jetzt mit Thuja hatte man sich an den glattgeschorenen Hecken sattgesehen.

Die Vorteile von Liguster bleiben:
— Eine heimische und auch in Zuchtformen keine ausgesprochen fremdländische Pflanze.
— Eine sowohl ländliche und städtische Pflanze.
— Höhenvariabel von niedrig bis mittelgroß.
— Im Vergleich zur Hainbuche und Eibe preiswert im Einkauf.
— Schnellwachsend und dicht.

Allmählich kann man von einer Liguster-Renaissance sprechen. In Wohnanlagen wird Liguster wieder gepflanzt, nicht nur als Monokultur, sondern abschnittweise mit anderen Hecken wie Kornelkirsche. Die Pflanze kann als Steckling oder als Heckenpflanze mit mehreren Grundtrieben gesetzt werden. Eine Einzelreihe gibt eine dichte Hecke. Je nach gewünschter Höhe stehen folgende Pflanzen zur Verfügung:

— *Ligustrum ovalifolium,* Winterliguster, großblättriger Liguster, eingeführt aus Japan, verträgt Schatten; für mildere Klimalagen.
— *Ligustrum vulgare,* Gemeiner Liguster, Schnitthöhe 100 bis 300 cm.
— *Ligustrum vulgare »Atrovirens«,* immergrüner Liguster, wie Gemeiner Liguster, aber verbessert und stärker im Wuchs.
— *Ligustrum vulgare »Lodense«,* Zwergliguster, eine niedrige Kompakthecke (50 bis 70 cm), die den Verjüngungsschnitt sehr gut verträgt.

Im Winter sind die Blätter nicht so tiefgrün, mehr bräunlich, in besonders kalten Wintern können die Blätter sogar abgeworfen werden. Das Schnittprogramm kann nach Bedarf und Ehrgeiz

angepaßt werden. Eine glatte Hecke in englischer Art bedarf eines regelmäßigen Schnittes, sonst ist ein dreimal jährlicher Schnitt ausreichend. Ein nur gelegentlicher Schnitt führt zu einer unordentlichen Hecke, in der die eigentlich geschnittene Form nicht mehr erkennbar ist.
Klima- und Bodenansprüche: Liguster stellen kaum Ansprüche, wachsen am besten auf kultivierten Böden.

Taxus baccata, Gemeine Eibe

Ohne Zweifel ist die Eibe die Königin der Heckenpflanzen. Mit ihrer samtgrünen, fast teppichartigen Fläche bildet sie eine dichte Hecke, die wesentlich schneller wächst als man annimmt (Höhe von 1,50 m bis 4,00 m und höher). Ein besonders wertvoller Hintergrund und Schutz für Staudenbeete, Rosen und andere Prachtpflanzungen.
Seit Jahrhunderten werden Eibenhecken in allen möglichen gestalterischen Variationen in den Garten gesetzt. In dieser Verwendung ist die Eibe eine größere und monumentalere Ausgabe von Buchs. Die Investitionskosten für eine ordentliche Heckengröße schrecken viele ab. Eiben sollten für eine sofortige Wirkung bereits in 100 cm oder 125 cm Höhe gepflanzt werden, obwohl bereits Heckenpflanzen in einer Höhe ab 30 cm angeboten werden.
Bei der Neugestaltung von Gärten wäre zu überlegen, ob nicht eine gewisse Aufteilung von Heckengrößen erfolgen kann. Hecken in besonders dominanten Lagen, in Vorgärten, vor der Terrasse, könnten mit größeren Pflanzen bepflanzt werden, während für raumtrennende, sekundäre Hecken kleinere Ware ausreichend wäre.
In den historischen Gärten war die Gartengestaltung immer eine sehr langfristige Angelegenheit. Hier war die besondere Langlebigkeit der Eibe ein Vorteil, um das erstrebte Ziel zu verwirklichen und über Generationen zu erhalten.

Dunkle, räumlich wirkende Eibenhecke im Kontrast zur hellgrünen
Einfassungshecke aus Buchsbaum.
Ammerdown House Gardens, entworfen 1901 von Sir Edwin Lutyens.

Samtartige Fläche einer über
300 Jahre alten Eibenhecke.

Neupflanzungen sollten vor der Frühlingssonne mit einem Leinentuch geschützt werden. Dies verhindert Brandstellen und bietet Schutz vor starkem Wind. Der Heckenschnitt sollte im Frühsommer ausgeführt werden, die Seiten nach oben konisch verlaufen. Ein regelmäßiger Schnitt reduziert die Bildung von giftigen Früchten (das rote Fleisch ist eßbar, der Kern hochgiftig). Für die Viehhaltung, besonders für Pferde, sind die toxinhaltigen Blätter sehr giftig. Aus diesem Grunde wird die Eibe nicht in der Nähe von Viehweiden gepflanzt.

Alte, ausgewachsene Hecken können durch einen Radikalschnitt wieder in Form gebracht werden. Anfangs sollte eine Seite und oben geschnitten werden; erst wenn die neuen Triebe kommen, ist die andere Seite zu schneiden. Der Abstand zwischen Schnitten kann bis zu drei Jahren betragen.

Klima- und Bodenansprüche: keine besonderen Klimaansprüche. Schattenverträglich. Bevorzugt frischen, schwach kalkhaltigen und nährstoffreichen Boden. Nicht an heißen oder mit Staunässe versehenen Standorten verwenden.

Für jede geschnittene Hecke ist ein fachgerechter, regelmäßiger Schnitt entscheidend. Ob mit der Handschere oder elektrischen Heckenschere – der Schnitt muß gleichmäßig in der geeigneten Form erfolgen. Hier ist die altbewährte Methode, eine Eibenhecke zu schneiden, abgebildet.
Chastleton House, England.

Fremdländische Heckenpflanzen

Wegen ihrer teils gärtnerischen, teils exotischen Wirkung sollten die aufgeführten Pflanzen nur bedingt als geschnittene Hecke eingesetzt werden. Außer *Lonicera* können sie nicht großflächig gepflanzt werden. Sie sind nur innerhalb des Gartens oder in einer gärtnerischen Umgebung zu verwenden. Alle aufgeführten Pflanzen sind gut schnittverträglich.

Berberis, Berberitze

Ein übergroßes Angebot von Berberitze – auch »Hausmeister-Hecke« genannt – führte in den siebziger Jahren zu einer regelrechten Berberitze-Überschwemmung, die noch in Wohnanlagen und Siedlungen anzutreffen ist. Die Dornen machen die Berberitze zur undurchdringlichen Hecke. Als Hecke ist sie jedoch ein Problemfall. Berberitze fällt leicht auseinander und verliert dadurch die notwendige Kastenform einer geschnittenen Hecke.
Vereinzelt gepflanzt attraktiv, wirkt Berberitze in großen Mengen fremd und steril.
Hier eine Auswahl:

— *Berberis x stenophylla,* orange/gelbblühend, immergrün bis zu 2 bis 3 m hoch.
— *Berberis thunbergii* – 2 bis 3 m Höhe, als Hecke in der Regel bis 150 cm, auch mit roten und purpurnen Blättern erhältlich (*»Atropurpurea«* und *»Atropurpurea Nana«*).

Klima- und Bodenansprüche: Berberitzen lieben sonnige Lagen, gedeihen auf trockenen und sandigen Böden.

Chamaecyparis lawsoniana, Scheinzypresse

Ähnlich wie Thuja werden die Scheinzypressen, ebenfalls ein Nadelgehölz, als Alternative zur Eibe gepflanzt. Der mediterrane Charakter der Scheinzypresse ist sehr verlockend. Sie sollte jedoch nur in Gärten Verwendung finden. Die Höhe ist durch regelmäßiges Schneiden in Grenzen zu halten, so daß die benachbarten Flächen nicht verschattet werden. Es werden Züchtungen wie *»Alumii«, »Fletcheri«, »Glauca Spec.«,* alle mit blaugrünen Nadeln, angeboten.
Klima- und Bodenansprüche: windgeschützt, halbschattige Lagen, bevorzugt frische, sandige, lehmige Böden.

Dichte Zypressenmauer. Die Zypressen werden wie die hiesigen Liguster als Vorgartenhecke in südländischen Gegenden verwendet.

Vorgärten einer Wohnanlage in Nizza, unterteilt durch Zypressen-hecken in Terrassenabteilungen für die Erdgeschoßwohnungen.

Lonicera nitida »Elegant«, Heckenmyrte
(syn. *L. pileata »Yunnanensis«*)

Eine niedrige, schnellwachsende Hecke bis 50 cm Höhe. Sie bedarf regelmäßigen Schneidens bis viermal jährlich, um die Form zu halten. Reagiert empfindlich auf Schneedruck. Dieser sollte entfernt werden, um die Bildung von Lücken zu vermeiden. Sonst eine unempfindliche Pflanze, für großflächige Verwendung ebenfalls geeignet.
Klima- und Bodenansprüche: keine besonderen Ansprüche.

Lonicera pileata, Böschungsmyrte

Ein niedriger, breitwachsender Strauch, Winterhärte wie *Lonicera nitida,* geeignet für Hecken von 30 bis 40 cm Höhe, schnellwachsend, bedarf des regelmäßigen, mehrmaligen Schnittes. Für Rabatteneinfassung geeignet, obwohl sehr gierig, da er die Nahrung sehr rasch aus dem Boden holt.
Klima- und Bodenansprüche: bevorzugt kultivierte Böden.

Prunus laurocerasus, Immergrüner Kirschlorbeer

In England um die Jahrhundertwende häufig als Grenzhecke verwendet. Eine schöne, dichte, grüne Hecke mit ca. 150 cm Höhe, die das Licht von den glänzenden Blättern reflektiert.
Beim Schneiden sind die Hecken wegen ihrer großen Blätter anders als Liguster, Hainbuche und Eibe zu behandeln. Nach Möglichkeit sollten die Blätter nicht durchgeschnitten werden. Besser ist es, auszulichten, das heißt zurückzuschneiden, so daß die einzelnen Äste gleich lang sind und dann einen flächigen Schnitt vorzunehmen.
Klima- und Bodenansprüche: frosthart, bevorzugt kultivierten, schwach sauren Boden. Die Heckenformen *»Herbergii«* und *»Schipkaensis Macrophylla«* gedeihen auf kalkfreien Böden.

Immergrüner Kirschlorbeer (Prunus laurocerasus »Otto Luyken«) in Blüte.

Spiraea, Spierstrauch

Wegen ihrer Wuchsform mehr als freiwachsende Hecke denn als geschnittene Hecke geeignet. Eine beliebte Gartenpflanze mit reichem Angebot an Farbschattierungen von Weiß bis zu Rottönen, die nur innerhalb des Gartens mit 40 bis 100 cm Höhe zur Trennung verwendet werden soll. Der jährliche Schnitt erfolgt nach der Blüte. Klima- und Bodenansprüche: keine besonderen Ansprüche.

Symphoricarpos, Schneebeere

Aufrechtwachsender, frostharter Strauch mit kleinen eiförmigen Blättern. Je nach Art Hecken zwischen 80 bis 150 cm Höhe. Weniger als strenge Formhecke geeignet, besser als lockere, sehr verzweigte Hecke, wobei regelmäßiges Schneiden die Dichte der Hecke fördert. Wie Spierstrauch und Berberitze bricht die strenge Form der Hecke leicht auseinander. Die einzelnen *Symphoricarpos* unterscheiden sich in der Farbe der Beeren und der Höhe:

— *Symphoricarpos x chenaultii,* violettrote Beeren.
— *Symphoricarpos orbiculatus,* Korallenbeere, purpurrot.
— *Symphoricarpos orbiculatus »Magic Berry«,* Zwergschneebeere, lila-rot.
— *Symphoricarpos racemosus, syn S. albus var. laevigatus,* Gemeine Schneebeere, weiß.

Die Hecken sollten zwei- bis dreimal jährlich geschnitten werden.
Klima- und Bodenansprüche: keine besonderen Ansprüche.

Pyracantha coccinea, Feuerdorn

Eine kompakte, starre Hecke, die nur an ausgesuchten Plätzen passend ist. Innerhalb eines Gartens kann der Feuerdorn mit seinen orangeroten Beeren einen exotischen Akzent setzen. Über lange Strecken wirkt er eintönig und fremdländisch und ist wesentlich effektvoller in kurzen Abschnitten. Es können Hecken bis 200 cm Höhe erreicht werden. Gut wachsende, immergrüne, dornige Hecke.
Klima- und Bodenansprüche: keine besonderen Klimaansprüche, winterhart, bevorzugt sonnige Lagen, gedeiht auf gut durchlässigem, schwach saurem Boden.

Thuja, Lebensbaum

Eine beliebte, preiswerte, schnellwachsende Alternative zur Eibe, die jedoch so verbreitet ist, daß sie bei Neupflanzung in einigen Gemeinden nicht verwendet werden darf. Thuja wird oft mit Scheinzypresse verwechselt. Die monumentale Wirkung einer Thujenhecke beeinflußt durch ihre Höhe und Dichte das Straßenbild. So ist durch Überverwendung in mehreren Gemeinden aus einem früher abwechslungsreichen Straßengefüge ein eintöniger, dunkelgrüner Vorhang geworden, der besonders im Winter deprimierend wirken kann.
Thujen, in Kombination mit anderen blühenden Pflanzen oder hinter einen weißen Holzzaun gesetzt, haben sofort eine andere, freundliche und heitere Wirkung. Das schnelle Wachsen erfordert mehrmaliges, regelmäßiges Schneiden. Nicht alle Thujen sind als Hecken geeignet, einzeln zu erwähnen sind:

Die bekannte Heckenpflanze Thuja occidentalis: hier die hellere grüne, leicht gelbliche Sorte »Smaragd«.

— *Thuja occidentalis* (wie auch einzelne Züchtungen).
— *Thuja plicata »Excelsa«.*

Klima- und Bodenansprüche: keine besonderen Ansprüche, obwohl der Boden feucht genug sein muß.

Blühende, niedrige Einfassungshecken

Die aufgeführten Einfassungshecken sind als Schmuckrahmen für Blumenbeete geeignet. Alle benötigen eine sonnige Lage und guten kalkhaltigen Gartenboden.

Lavandula angustifolia, Lavendel

Lavendel bildet eine sehr schöne lockere, aromatisch duftende, grau-grüne, 30 bis 60 cm hohe Einfassungshecke für Rosen wie auch für Blumenbeete. Die blauen Blüten sollten nach der Blüte abgeschnitten werden, um eine zweite Blüte zu fördern. Wenn der Lavendel stark geschnitten wird, ist er nicht sehr langlebig und wird mit dem Alter zunehmend holzig.

Nepeta x faassenii, Katzenminze, Silberminze

Eine lockere, etwas höhere (60 cm) Alternative zu Lavendel. Als Einfassungshecke ist Katzenminze wegen ihrer Wuchsform für einen strengen Schnitt wenig geeignet.

Santolina chamaecyparissus, Heiligenkraut

Aromatisch duftend, mit zypressenähnlich grauen Blättern und gelben Knopfblättern ist das Heiligenkraut eine niedrige, 30 bis 45 cm hohe Einfassung, die, wenn regelmäßig geschnitten, nicht sehr langlebig ist. Es gedeiht sehr gut in sonnigen Lagen zusammen mit anderen Blütenstauden.

Ausschnitt einer »Gobelin«-Hecke.
Rot- und Blutbuche wachsen
ineinander.

Gobelinhecken

Wie der Name andeutet, wirken die sogenannten Gobelinhecken mit ihren Verflechtungen von verschiedenen Blattformen und Farben wie ein grüntoniger Gobelin. Um die beste Wirkung zu erzielen, sollten maximal drei verschiedene Heckenpflanzen mit ähnlichem Habitus abwechselnd verwendet werden. Die Mindestlänge pro Pflanzsorte beträgt einen Meter (entsprechend einer Pflanze).

Diese Form einer gemischten Hecke lockert den strengen, beherrschenden Charakter von geschnittenen Hecken. Eine Variation ist die Verwendung der gleichen Pflanze, aber in zwei unterschiedlichen Farben, zum Beispiel Rotbuche und Blutbuche.

Spalierhecken

Das bekannte Obstspalier am Bauernhaus kann auch als freistehende Spalierhecke gepflanzt werden. Für die ersten Jahre sollte ein Hilfsgerüst aus Holzpfählen und Draht in gleicher Höhe wie die Endhöhe des Spaliers gebaut werden, in der Regel zwischen 150 und 180 cm.

Viele Baumschulen bieten Äpfel oder Birnen als Spalierbäumchen mit zwei oder drei Seitentrieben an. Die Seitentriebe sollten an den waagerechten, gespannten Draht gebunden werden. Nach einigen Jahren, in der Regel fünf, sind die Seitentriebe stark genug, um Halt zu haben und sind nun mit der Nachbarspalierpflanze verwachsen. Der Abstand der einzelnen Spalierbäumchen sollte zwischen 3 bis 4,5 m betragen.

Während der ersten Jahre wächst der Spalierbaum schwach, ein regelmäßiger Schnitt ist wichtig, um zu gewährleisten, daß die Wachstumskraft in die Seitentriebe geführt wird. Der Leittrieb sollte zurückgeschnitten werden wie auch andere Triebe, die sich zusätzlich zu den Seitentrieben bilden. Als transparente Trennung zwischen Nutzgarten und anderen Gartenbereichen ist das Obstspalier besonders reizvoll.

Symphonie in Grün: Rotbuche vermischt mit kleineren stacheligen Stechpalmenblättern.

TOPIARY, KUNST MIT HECKEN

Es gibt selten einen so emotionsgeladenen Punkt wie Topiary. Für manche ist es der Inbegriff von Gestaltung, der Höhepunkt der Gartenkunst, für andere eine Perversion, pflanzenfeindlich – eine Tortur, vergleichbar Tierversuchen –, die die Pflanzen ihrer natürlichen Form beraubt.

Fast jede Hochkultur hat die Schnittkunst praktiziert, von den Chinesen bis zu den Römern; es war ein Zeichen der Zivilisation, daß man Zeit und Muße hatte, sich der Pflanzenentwicklung zu widmen.

Topiary, sachlich als Formenschnitt bezeichnet, ist die Kunst, Sträucher und sogar Bäume durch regelmäßiges, systematisches Auslichten und Schneiden in ornamentvolle Formen zu verwandeln. Im Grunde ist jede Hecke eine einfache Form von Topiary.

Allerlei abstrakte und geometrische Formen, erkennbare Tierformen und Symbole können geschnippelt werden. Die Phantasie kennt keine Grenzen. Nötig sind nur die Pflanze, Gartenschere, Draht und viel Geduld. Nicht alle Sträucher sind geeignet; nur besonders gute, schnittverträgliche Pflanzen kommen in Frage, hauptsächlich Eibe, Buchsbaum und Stechpalme.

Das goldene Zeitalter des Formenschnitts dauerte etwa 150 Jahre von der Mitte des 16. Jahrhunderts bis Ende des 18. Jahrhunderts. Beeinflußt durch die italienischen und französischen Gärten, waren Parterre, Heckengärten, Heckentheater ein Muß für jeden Garten. Seit eh und je Gartenfanatiker, stürzten sich besonders die Engländer auf diese Moderichtung. Die Gärtner überboten sich in Phantasie und Fülle. Der Garten wurde ganz Topiary gewidmet, regelrechte Wälder von verformten Sträuchern und Bäumen entstanden: Spatzen, Pfauen, Hühner, Löwen, Kraniche neben skurrilen Gestalten. Eine atemberaubende, beängstigende Fülle, vergleichbar einer übergroßen Grabsteinschau. Als Gegen-bewegung befreite dann der englische Landschaftsstil die Gärten von ihrer hochstilisierten Überfrachtung.

Erst Ende des 19. Jahrhunderts wurde Topiary in bescheidener Form vorsichtig wieder eingeführt. In der Melange von Stilen, die in den Gärten vertreten war, war auch Platz für einen Topiary-Garten. Ausgeglichene, mäßige Gestaltung, kombiniert mit Staudenbeeten, macht die Figuren heiter und witzig. Edwin Lutyens reduzierte in seinen vielen Gärten den Formenschnitt auf eine Spielerei mit Hecken und abgestuften, grünen Treppengeländern. Die Gartenräume öffnen und schließen sich durch mäanderartige Parterrehecken.

Für zeitgenössische Gärten sind die Beispiele aus dieser Zeit passend. Viele Gärten können besichtigt werden. Nicht nur in England, sondern auch in Frankreich gibt es nachahmbare Beispiele. Sowohl die Eibe wie auch der Buchsbaum wachsen langsam. Wer keine zehn Jahre warten will, bis der Steckling zu einer erkennbaren Form wird, kann die fertigen Pyramiden oder Kugeln kaufen.

Formenschnitt als persönliches Statement wie auch als Belebung einer Ligusterhecke.
Berlin-Lichterfelde.

*Der berühmte Topiary-Garten in Hidcote Manor Garden
wurde während der 1. Hälfte des 20. Jahrhunderts von
Lawrence Johnston entwickelt.
Buchsbaum-Spatzen, rollende Treppengeländer und
Buchseinfassung um weiß blühende Pflanzbeete.*

*Zu den Seiten 62 und 63
Teil eines Gartens in Eyrignac,
Frankreich. Eine Spielerei mit
geometrischen Formen und archi-
tektonischen Anekdoten.*

Für das gute Gelingen ein paar Hinweise:

— Ausreichend Platz für die Entwicklung der Sträucher wird vorausgesetzt.
— Bei Stecklingen im 1. Jahr nach der Pflanzung nicht schneiden.
— In den folgenden Jahren die gewünschte Form schneiden, wobei Kugeln, Würfel und Pyramiden das Einfachste sind.
— Die Kombination von Hecken und Topiary sollte von oben (vom Balkon oder der erhöhten Terrasse) betrachtet werden können.
— Topiary sollte wie eine Skulptur im Garten behandelt und an markante Punkte gesetzt werden.

Die Kombination von Topiary mit geschnittenen Hecken kann sehr erfolgreich sein. Eine strenge, fast monotone Hecke wird durch Säulen, Türmchen oder Abstufungen aufgelockert. Prädestiniert für kleine Flächen, ist Platz im kleinsten Garten oder Hof für eine Kugel oder Pyramide. In dieser bescheidenen Form ist Topiary eine Bereicherung, eine höchst individuelle gestalterische Aussage.

Eine Reihe von Bäumen, stilistisch aus der Eibenhecke gezogen. Tatton Park, England.

Grüne Architektur – ein Topiary-Garten aus dem 16. Jahrhundert. Peover Hall Gardens, England.

HOLZZÄUNE

FELDZÄUNE

Die heute verwendeten Gartenzäune sind eine Verfeinerung der altbekannten Feldzäune, eine salonfähige Ausführung von rustikalen, zweckmäßigen Einfriedungen. »Die Kunst des Zaunes« ist ein Ergebnis der Bauernkunst und Teil der Kulturlandschaft. Zwischenzeitlich existieren kaum mehr Beispiele des wahren Feldzaunes, höchstens noch in abgelegenen Winkeln oder im Schutz von Freilichtmuseen.

Die Zäune wurden auf die Anforderungen und das erhältliche, einfache Material zugeschnitten. Errichtet als Schutz für und gegen das Vieh, mußten sie stabil und abweisend sein und keine großen Schlupflöcher aufweisen. Äste und Zweige wurden längs geschnitten, manchmal gespalten, ins Erdreich gesteckt oder aneinandergebunden. Es wurden keine Metallteile verwendet, einfachste Holzverbindungen oder Flechtwerk hielten die Teile zusammen; die Stabilität des Zaunes lag in der geschickten Anordnung der Hölzer. Nur im Bereich der Sägewerke wurden gesägte Bretter oder Latten, sonst gesammelte oder selbstgefällte Hölzer verwendet. Die scheinbare Spontaneität ihrer Errichtung verleugnete ihre geschickte Bauweise.

Die Vorfahren der Latten- und Scherengitterzäune waren von Ort zu Ort unter einem anderen Namen bekannt. Die Verbreitung erfolgte nach geographischen, agrarischen und ethnographischen Verhältnissen. Das Standardwerk »Volkskundliches aus dem bayerisch-österreichischen Alpengebiet« von Marie Andrée Eysen liefert wichtige Hinweise über die Verbreitung von Feldzäunen.

Daß wenig Feldzäune vorhanden sind, liegt an den Material- und Feldgrößen. Holz hat nur eine bestimmte Lebensdauer, die Feldzäune waren gegen die Witterung anfällig und bedurften einer regelmäßigen Pflege und Erneuerung. Mit zunehmender Verbreitung der Landwirtschaft schrumpf-

Einfacher, bescheidener Stangenzaun um einen Gemüsegarten. Isola Bella, Italien.

Stangen- oder Koppelzaun, wie er heute selten vorgefunden wird. Ausgestellt im Freilichtmuseum auf der Glentleiten.

ten die Wälder und damit die zur Verfügung stehenden Mengen Holz. Um die Wälder zu schonen, wurde bereits Ende des Jahrhunderts festgelegt: »Zum Zwecke möglicher Schonung der Holzbestände in den Alpen sollen von nun an die Holzzäunungen, soweit es die Örtlichkeit irgendwie gestattet, durch Mauern, Gräben oder Lebhäge ersetzt werden. Zur Vornahme dieser Umwandlung wird den Alpbesitzern eine Frist von zehn Jahren, von der Inkrafttretung dieses Gesetzes an gerechnet, eingeräumt. Von dieser Vorschrift ausgenommen sind bloß Zäunungen, die nicht als bleibende Einfriedungen dienen sollen, wie z. B. an Saum- und Tränkwegen, bei kultivierten Waldkomplexen und wechselnden Weidegängen.«

In anderen Gebieten Deutschlands spielte die Vergrößerung der Felder eine Rolle. Die Zäune fielen einer Rationalisierung der Landwirtschaft zum Opfer. Es wurde unwirtschaftlich und unpraktisch, Großfelder mit Holz zu umzäunen. In den seltenen Fällen der Renovierung eines Bauernhauses sollte der passende, historische Zauntyp wieder verwendet werden. Historische Bücher, Gemälde, Fotografien können alle hilfreich sein, einen Teil der Volkskunst wiederzubeleben. Die Feldzäune sind Teile der Landschaft, abgehoben von ihrer Umgebung wirken sie deplaziert. Eine klare Trennung zwischen Feld- und Gartenzäunen ist dringend zu empfehlen.

Stangenzaun, Koppelzaun

Dies ist die einfachste Zaunform, bestehend aus Holzpfosten, senkrecht ins Erdreich gesetzt, verbunden mit waagerechten Holzstangen. In ihrer Urform wurden Äste mit Weidenruten an die Pfosten gebunden oder in die Gabelung von Ästen gelegt. Der Zaun kann aus einer oder mehreren waagerechten Stangen bestehen. Sowohl als Schutz vor Eindringen wie auch als Einfriedung für das Vieh, wird dieser Zaun heute auch als

temporärer Schutzzaun entlang frisch gepflanzter Pflanzbeete verwendet oder als wegbereitendes Element. Als Gartenzaun ist er ungeeignet.

Doppel- oder Dobelzaun

Ein historischer Feldzaun, der heute kaum mehr vorgefunden wird, ist er nur mehr in Freilichtmuseen zu sehen. Gespaltene Hölzer von unterschiedlichen Breiten und Längen wurden schräg ins Erdreich gesteckt. Einzelne Pfähle, in entgegengesetzte Richtung geschlagen, stabilisieren den Zaun. Der Zaun war von kurzer Lebensdauer, da die Hölzer direkt im Erdreich steckten und anfällig für Fäulnis waren.

GARTENZÄUNE

Die Bezeichnung eines Gartenzaunes erfolgt nach der Stärke und der Anordnung von Hölzern – ob senkrecht, waagerecht oder in die Diagonale gesetzt – wie auch nach der Qualität des verwendeten Materials; und ob das Holz lediglich in Längen geschnitten oder ob es in entsprechend geregelten Breiten, Stärken und Längen im Sägewerk zugeschnitten wurde. Die Einteilung der Holzzäune kann nach dem Grad der Bearbeitung erfolgen: einfache Minimalbearbeitung in ländlichen Gegenden, aufwendige, verzierte Holzzäune in besiedelten Orten.

Staketenzaun

Eine der einfachsten Formen des Gartenzauns. Der klassische Staketenzaun besteht aus ungeschälten oder geschälten Rund- und Vollhölzern von fast gleicher Stärke, die in gleichen Längen geschnitten werden. Hier können Fichte, Tanne, Lärche sowie Kiefer verwendet werden. Der Durchmesser beziehungsweise die Breite der einzelnen Hölzer beträgt etwa 6 cm. Die Staketen werden mit circa 4–5 cm Abstand an einem oberen und unteren Querholz befestigt.

Die Pfosten sind nur auf der Rückseite des Zaunes ersichtlich und unterbrechen den regelmäßigen Rhythmus der Staketen auf der Vorderseite nicht. Zwischen Oberkante Boden und Unterkante Stakete soll ein Abstand von mindestens 5 cm sein, um zu verhindern, daß Feuchtigkeit in die Stakete zieht. Der Vorläufer des Staketenzaunes war der Hanicklzaun, wobei die »Hanickl« junge, verdörrte Tannen- und Fichtenäste sind, verwendet als Einfriedung um Gemüse- und Obstgärten. Wie sein Vorgänger ist der Staketenzaun am geeignetsten in einer ländlichen oder stark gärtnerisch geprägten Gegend, wo er ohne Sockel als bescheidene Einfriedung lediglich durch Sträucher, Rosen oder Kletterpflanzen geschmückt wirken soll.

Gute Beispiele eines Staketenzaunes: runde Staketen, oben zugespitzt. Die Pfosten sind auf der Rückseite angebracht und unterbrechen den Rhythmus des Zaunes nicht.

Detail eines Staketenzaunes.

*Niedriger Staketenzaun um Mieter-
gärten, passend zum gärtnerischen
Milieu.*

Ein Spalt-Eichenzaun.

Spaltzaun

Wie der Name andeutet, besteht der Spalt- oder
Speltzaun aus geringfügig unterschiedlich breiten, gespaltenen Latten. Mit Beil und Keil längs-
gespalten, sind die Stärken gleichmäßig, während die Längen leichte Unterschiede aufweisen.
Hauptsächlich aus Eiche, wird dieser Feldzaun
häufig als Einfriedung bei kleinen Gärten und
Feldern vorgefunden. Mit der Zeit verwittert das
Eichenholz zu einem sanften Grauton. In England werden die Spalten senkrecht mit Holznägeln an den waagerechten Leisten fixiert, während im österreichischen und bayerischen Alpengebiet und sogar in Schweden die Spalten
waagerecht zwischen Pfosten liegen. Ein historischer Zauntyp, der für Neubauten und in dicht-
besiedelten Gegenden unpassend ist.

*Einfriedung um eine »Arts and Crafts«-Villa der Jahrhun-
dertwende. Entsprechend den handwerklichen Forderun-
gen dieser Gestaltungsbewegung wurde die Einfriedung
als Spalt-Eichenzaun samt Holznägeln ausgeführt.
Knutsford, England.*

Schwartenzaun, Schwartlingzaun

Eine historische Zaunart, die um Obst- und Gemüsegärten Verwendung findet, eine Zwischenstufe vom Staketen- bis zum Spaltzaun. Während die Spaltzäune aus mittelliegenden Brettern gespalten werden, werden die Schwarten oder Schwarl aus den ersten und letzten vom Stamm abgesägten Brettern gefertigt. Die schwachen Schwarten werden horizontal gelegt, die stärkeren senkrecht – und oben zum Dreieck leicht rund zugespitzt. So ergibt sich je nach Stärke ein Latten- oder Bretterzauntypus. Die glatte, gesägte Seite zeigt zum Garteninneren, die konvexe ungesägte Seite zum Nachbarn. Die äußeren Längen der gesägten Bretter mit Spuren von Rinde werden öfters auch als Schwarten deklariert. Die Bretter sind zwischen 10–15 cm breit und circa 25 mm stark. Wegen der Breite der Schwarten handelt es sich um eine optisch dominante Zaunform.

Hoher Lattenzaun, bewachsen mit Lonicera x tellmanniana.
Landschaftsarchitekt: Christian Wegener.

Lattenzaun

Dies ist die größte und bekannteste Gruppe der Zaunformen mit großen Anpassungsmöglichkeiten, geeignet sowohl für ländliche wie auch für städtische Umgebung. Die Varianten gehen von der einfachsten, naturbelassenen Latte bis zum gestrichenen, durchgestylten Zaun samt Pfosten und Sockel.

Grundelement ist die Latte, ein schmales Holz, das senkrecht auf die Querhölzer angebracht wird: in ihrer Urform mit Holznägeln, zwischenzeitlich verwendet man verzinkte Stahlnägel oder Schrauben. Je nach Grad der Holzbearbeitung werden die Lattenzäune unterschiedlich benannt. So ist eine Stakete ein lediglich in Längen gesägtes, voll- oder halbrundes Holz, während eine Latte als gesägtes, ungehobeltes oder gehobeltes Holz verstanden wird. Dagegen sind die Spelten aus gesägten Brettern, die anschließend gespalten wurden.

Die Zäune haben eine eindeutige Vorder- und Rückseite, die Vorderseite ist zur Straße gerichtet, die Rückseite zum Haus und Garten.

Klassischer Lattenzaun

Ein Zaun, entweder freistehend oder kombiniert mit einem mehr oder weniger stark ausgeprägten Sockel aus Klinker, Ziegel, Naturstein oder Beton. Der Zaun ist in Felder aufgeteilt, unterbrochen und am Pfosten befestigt, aus Holz oder dem gleichen Material, wie der Sockel ist. Die Lattenbreite kann zwischen 2, 4–10 cm betragen, die Abstände zwischen den Latten sind immer mindestens die Hälfte der Breite. Das Verhältnis Lattenbreite und Abstand soll ausgewogen sein, denn gerade diese Proportion ist für die Gestaltung des Zaunes wichtig. Die Latten selbst sind gesägt, ungehobelt oder gehobelt, gelegentlich gestrichen. In Neuausführungen sind die Latten gegen Fäulnis kesseldruckimprägniert. Es können sowohl Weich- wie auch Harthölzer verwen-

Schmale, eng gesetzte
Latten bilden eine fast
geschlossene Einfriedung.
Ein steigender Sockel über-
windet die Höhenunter-
schiede.

Hoher Lattenzaun als Sicht-
schutz und gleichzeitig als
Anbringungsmöglichkeit für
Blumentöpfe.
Landschaftsarchitekt:
Günther Schulze.

Variation des Lattenzaunes,
oben und unten eingefaßt.
Kaum sichtbar wurden
Drähte zwischen die
Betonpfeiler als Rankhilfen
für Goldwaldrebe gespannt.

det werden. Die Höhe des Zaunes variiert von 60 cm für den Aufbau auf einen Sockel bis 1,50 m (und höher) freistehend. Lattenfelder werden in vorgefertigten Feldern als Laufende-Meter-Ware vom Handel angeboten.

Zweireihiger Bretterzaun. Eichenhölzer, an Pfosten genagelt – eine einfache Feldeinfriedung.

Variation zum Thema Lattenkopfausbildung

Ein Merkmal des Lattenzaunes ist die Fülle und Variation der Lattenkopfausbildung. Der Lattenkopf ist funktionsgerecht, wasserabweisend und schützend, aber auch dekorativ. Neben den gewöhnlichen, zugespitzten und halbrunden Formen gibt es Pickel, Rundkopf durchloch, flach zugespitzt, einseitig schräg etc. Gradlinig reihen sich die Latten aneinander und schützen das Anwesen. Die Pfosten nehmen auch das Motiv der Latten auf. Die klassische Lattenzaunfarbe ist weiß, wobei Pastellfarben nicht unbekannt sind. Nicht nur der Lattenkopf, sondern auch der Verlauf der Oberkante des Zaunes gibt der Phantasie viele Ausdrucksmöglichkeiten, wie etwa konvexe und konkave Schwingungen, Staffelungen und Abwechslung von Höhen. Bei solch einer Gestaltung ist es empfehlenswert, einfachste Lattenköpfe zu nehmen, um eine unruhige Wirkung zu vermeiden. Sehr ausgefallene moderne Gestaltungsformen von Lattenzäunen werden im Buch »Zäune aus Holz« von Dieter Boeminghaus vorgestellt.

Latten mit schlanken Köpfen, geschraubt auf einen Querriegel aus Winkeleisen.

*rechts
Klassischer Lattenzaun mit zugespitztem Kopf.
Kenmore, Schottland.*

oben
»Amorphe« Lattenköpfe, mit passendem Pfosten.
Geschmückt mit Rosa »Montana« im Vordergrund.
Dieser Zaun ist über Stephan Kirchner, Kleiseerkoog,
erhältlich.
unten
Doppelseitiger Lattenzaun ergänzt mit einem Draht für
Kletterpflanzen. Landesgartenschau Pforzheim.
Landschaftsarchitekten: Siegfried Knoll und Hubert Reich.

links
Verwitterter und aus-
geblichener amerikanischer
Lattenzaun, gekennzeichnet
durch die phantasievolle
Lattenkopfausbildung.

Konkav geschwungenes
Lattenfeld auf einem
verputzten Sockel.

Zugespitzte Lattenköpfe;
Bereich Schauzer Garten,
Landesgartenschau
Ingolstadt.
Landschaftsgestaltung:
Gartenamt der Stadt
Ingolstadt.

Laubsäge-, Latten-Balkonzaun

Der Laubsägezaun ist eine Abwandlung eines Lattenzaunes, in dem die breiten Latten fast in Brettgröße in obere und untere Querleisten gefaßt werden. Die Latten können seitlich in Zierformen mit der Laubsäge bearbeitet werden. Es ist ein sehr aufwendiger Zaun mit gewissen Ähnlichkeiten zu einem Balkongeländer – eine ausgesprochene Sonderausführung, die jedoch nicht überall geeignet ist. Eine weitere Variation sind Latten mit fast quadratischem Profil, rautenförmig in die Querleisten gesetzt.

Laubsäge-Lattenzaun, eine sehr aufwendige Gestaltung, die einem Balkongeländer ähnelt.

Schmale, eingefaßte Lattenfelder auf einer hohen Grundmauer mit Zypressenhecke im Hintergrund. Nizza, Frankreich.

Vorgarten eines Winzerhauses, mit einfachem Lattenzaun umzäunt. Wien, 19. Bezirk.

Filigraner Laubsägezaun, passend zum Haus im »Zucker-bäckerstil«. Barbados.

Bretterzaun

Je nach Höhe besteht der Zaun aus drei oder fünf gesägten und gelegentlich auch gehobelten Brettern. Der Abstand zwischen den Brettern wird über die Höhe verteilt, so daß Vieh nicht durchschlüpfen kann. Ein Zaun, der primär für den Bereich unmittelbar am Bauernhof bestimmt ist.

Enger Bretterzaun, Plankenzaun

Ein blickdichter Zaun, der aus eng aneinandergelegten, waagerechten oder senkrechten Brettern besteht; bis 1,80 m hoch, findet er mehr in Nordamerika als in Europa Verwendung. Zum Schutz des Hirnholzes gegen Feuchtigkeit werden die Bretter in senkrechter Ausführung mit einem Brettchen bedeckt.

Lamellenzaun

Der Zaun, auch Flechtwerkzaun genannt, besteht aus breiten, gewebten Lamellen, die in einen Rahmen gesetzt sind. Die optische Wirkung des Zaunes ist erstaunlich leicht. Ein blickdichter, preiswerter Zaun, der mit fertigen Zaunfeldern und dazugehörigen Pfosten angeboten wird.
Angebotene Höhen: 1,50 m und 1,80 m, Feldbreite in der Regel 1,80 m, 3 m bis maximal 6 m. Die Holzstreifen selber sind zwischen 5–10 mm breit, mit einer entsprechenden Stärke von 6–10 mm. Verbunden mit Kletterpflanzen und Sträuchern, kann dieser Zaun im Garten integriert werden.

Rancherbohlen

Eine amerikanische Abwandlung des Bretterzaunes. Die waagerechten Bretter sind etwa 25 cm breit und ausreichend stark, um den Druck der Rindvieh- und Pferdehaltung auszuhalten. Dieser Zauntyp, typisch für den »Wilden Westen«, bekannt auch als Hacienda-Zaun, wird häufig in Baumärkten angeboten, ist aber ausschließlich in ländlichen Gegenden und mit Vorbehalt zu verwenden.

Alter Plankenzaun mit integral unscheinbaren Toren.
Neustift am Walde, Österreich.

Lamellenzaun, geschmückt mit Clematis montana
»Rubens«.
Landschaftsarchitekt: Valtin von Delius.

Waagerechter Plankenzaun als Sichtschutz an einem Sitzplatz.
Landschaftsarchitekten: Schulze/Kummer.

Verschrägte Zäune

Wie alle Zäune haben auch die verschrägten Zäune, die Diagonalzäune, die Jäger- und Spalierzäune, ihren Ursprung in den Feldzäunen. Im Vergleich zu diesen haben die diagonal oder rautenförmig genagelten Latten der Gartenzäune einen hohen Gestaltungsanspruch. Aufwendig in der Herstellung wie auch in den gestalterischen Anforderungen, können sie nicht beliebig verwendet werden. Die Zäune können naturbelassen sein, sind aber in der Regel gestrichen. Durch ihre Konstruktionsform sind sie nicht so witterungsfest, also fäulnisanfällig und haben dadurch eine kürzere Lebensdauer als einige andere Zäune.

Variante des Diagonalzaunes. Millers Dale, England.

Jägerzaun als Trennung zwischen Wildnis und Garten. Der untere Zaunteil muß freigeschaufelt werden, um das Eindringen von Feuchtigkeit zu vermeiden.

Jägerzaun

Was als einfachster Wildzaun unter Verwendung von ortstypisch gesammeltem Nadelholz anfing, zeigt jetzt feudale Allüren. Vor allem schlechte Kopien in Material, Maßstab wie in der Plazierung trugen dazu bei, diesen Zauntyp gründlich in Mißkredit zu bringen.

Voll- oder halbrunde, geschälte oder ungeschälte Hölzer werden hier über Kreuz aneinandergenagelt. Die Rautenbreite sollte ursprünglich kleinen Tieren Durchschlupf geben, große Tiere aber einzäunen. Die Zaunhöhe beträgt mindestens 1,20 bis 1,50 m. Jägerzäune, auf Sockel gesetzt, sind die gärtnerische Umwandlung des Zaunes, vielfach eine Eigeninterpretation des Zauntyps, der weder zur Fassadenverschönerung noch zur Aufwertung des Gartens beiträgt.

In der richtigen Ausführung mit korrekter Zaunhöhe ohne jegliches Zubehör kann ein Jägerzaun bezaubernd wirken. Bewachsen mit Kletterrosen oder umschlungen von Jelängerjelieber ist die Wirkung noch eindrucksvoller. Der Jägerzaun ist ausschließlich in ländlicher Umgebung oder innerhalb des Gartens als Trennung zwischen Gartenräumen zu verwenden.

Verfeinerter Jägerzaun mit passendem Pfosten.
Bodnant Gardens, Wales.

Diagonalzaun

Eine Variante des Jägerzauns, gefertigt aus geschälten oder ungeschälten Voll- oder Halbhöl-
zern, allerdings eine elegante Variante, die mit
gehobeltem, gestrichenen Holz eher für Villen-
gegenden als ländliche Umgebung geeignet ist.

*Ein Diagonalzaun
bestehend aus halbrunden
Staketen, die dicht beisam-
men an hinterliegende
Leisten diagonal fixiert
wurden.*

Spalierzaun

Auch »Scherengitterzaun« genannt, besteht der
Spalierzaun aus einzelnen quadratischen oder
rechteckigen Feldern, gefüllt mit diagonal verlau-
fenden Latten. Der Abstand zwischen den Latten
muß proportional zur Lattenbreite sein – schmale
Latten – enge Maschen, breite Latten – größere
Maschen. Bei 40–60 mm breiten Latten sind die
Abstände proportional 1:2 oder 1:3. Die Diagonale kann im 45°-, 60°- oder 70°-Winkel angebracht sein. Die Latten sind an den Kreuzstellen
aneinandergenagelt. Die Gitterfelder mit Rahmen werden zwischen die Pfosten gehängt. In
der unteren Leiste müssen Tropflöcher vorgesehen werden, um Staunässe zu vermeiden.
Dieser Zaun kann in Kombination mit einem
höheren Sockel gesetzt werden. Es ist ein an-
spruchsvoller Zaun, der als Sonderanfertigung
hergestellt wird.

Detail eines Spalierzaunes, mit Ipomoea purpurea bewachsen.

Spalierfelder aus breiten Latten, zwischen Pfosten aufgespannt.

Spalierzaun als Trennung des Waldes und Gartens. Filoli, Kalifornien, USA.

Spalierzäune als Gartenparavents

Freistehende Spalierzäune in Mannshöhe bilden gute Trennwände. In Grüntönen gestrichen, fügen sie sich ins Laubwerk ein, weiß gestrichen bilden sie Architekturelemente im Garten. Variationen in Lattenbreite und Rautengröße ermöglichen viele gestalterische Lösungen. Fenster können in eine Spalierwand integriert werden, ovale, runde, quadratische oder Rauten-Ausblicke können einen Gartenraum mit dem anderen harmonisch verbinden.

Gartenparavents, beweglich bepflanzte Zaunteile.

Karo-Spalierzaunfelder auf einem Betonsockel – eine moderne Lösung, passend zum Wohnhaus und zur Umgebung.
Architekten: S.A.M. Architekten und Ingenieure Gemeinschaft, von Spanyi, Rosa-Alscher und Partner.

Beranktes Spalier am Teich.
Landschaftsarchitekt: Christian Wegener.

SCHUTZ, PFLEGE UND LEBENSDAUER VON HOLZZÄUNEN

Die Lebensdauer des Holzes hängt von der Art und Härte, seiner Bearbeitung sowie den angewandten Holzschutzmaßnahmen ab. Harthölzer, wie die heimische Eiche, halten wesentlich länger als Weichhölzer: Fichte, Tanne, Lärche und Kiefer. Die tropischen Hölzer sind besonders hart und langlebig, ein Grund, warum so viele für den Außenbereich verwendet werden. Gerade im Hinblick auf ihre Verwendung bedarf es eines grundsätzlichen Umdenkens. Wer Holzzäune baut, sollte besser ausschließlich heimische Holzarten verwenden.

Holz arbeitet, bei hoher Feuchtigkeit und Nässe dehnt es sich aus, bei Trockenheit zieht es sich zusammen. In unserem Klima leidet Holz durch den ständigen Wetterwechsel.

Der Verfall von Holz ist vorbestimmt und liegt in der Natur der Sache: aus dem Boden entsprungen, zum Boden zurückkehrend. Pilze und Mikroorganismen siedeln sich auf und im feuchten Holz an und bauen es auf natürliche Weise ab. Es ist unbedingt nötig, daß das Wasser vom Hirnholz abgeleitet wird und das Holz schnell wieder austrocknen kann. Dazu dienen die abgeschrägten oder abgerundeten Lattenköpfe. Die Konstruktion des Zaunes muß so sein, daß Staunässe vermieden wird. Die Spalierzäune neigen zu Wasserstau in ihren unteren Leisten. Tropflöcher zur Entwässerung sind vorzusehen. Das oberste Brett eines waagerechten Bretterzaunes wird öfters durch eine leicht überstehende oder schräge Latte oder ein Brett geschützt. Jedes Holzteil, das direkt mit der Erde in Berührung kommt, zieht Feuchtigkeit an und ist anfällig für Fäulnis. In der Landschaft, die vom natürlichen Jahreslauf geprägt ist, sollte das Faulen in Kauf genommen werden. In städtischen Umgebungen bietet sich an, die Pfosten in Metallschuhe zu setzen, die in Betonfundamenten fixiert werden und das Holz circa 15 cm über dem Boden halten. Für hohe Latten- oder Bretterzäune ist diese Konstruktion geeignet, weniger aber für den gewöhnlichen Latten- oder Staketenzaun. Verwittertes, von der Sonne gebleichtes Holz kann reizvoll sein, eine rustikale Note, die besonders in die bäuerliche Umgebung paßt. Im allgemeinen aber ist dieses Aussehen nicht gewünscht, ebensowenig wie ein von Algen bewachsener Zaun.

Holzschutz

Für einige Holzarten ist eine Behandlung mit Holzschutzmitteln unbedingt erforderlich. Jeder Schutz ist nur eine vorbeugende Maßnahme von begrenzter Dauer. Nach einer bestimmten Zeit muß die Behandlung wiederholt werden.

Holzschutzmittel kann durch Kesseldrucktränkung (Imprägnierung), Trogtränkung, Tauchen, Streichen oder Spritzen aufgebracht werden. Die beste Methode ist die Kesseldrucktränkung. Hier dringen die Holzschutzmittel mit Hilfe von Druckunterschieden tief in das Holz ein. Sie ist als vorbeugende Maßnahme gegen Pilz- und Insektenbefall für Bauholz, das ständig Erdreich berührt, unbedingt erforderlich.

Spritzen oder Streichen sind Oberflächenbehandlungen, die je nach Holzschutzmittel ein- oder mehrmals aufgetragen werden müssen. Die Mittel müssen gleichmäßig direkt auf das Bauholz verteilt werden. Oft wird das Mittel auf den fertig montierten Zaun aufgebracht, mit dem Nachteil, daß Teile, die sich überlagern, nicht behandelt werden. Die Anleitungen, die auf dem Schutzmittel vermerkt sind, sind genauestens zu befolgen. Diese Holzschutzart ist auch als Nachschutz für kesseldruckgetränkte Hölzer erforderlich.

HOLZARTEN			
Holzarten	Lebensdauer in Jahren	Holzfarbe	Bemerkungen
Eiche*	15–25	Splint grau-weiß, Kern grau-bräunlich gelb-bräunlich	Kernholz ist sehr witterungsbeständig, muß nicht behandelt werden.
Ulme*	5–10	Kern: rot-bräunlich	Wäre gut als Zaunholz verwendbar, durch die Ulmenkrankheit ist wenig gesundes Holz erhältlich.
Fichte, Tanne	5–10	Kern und Splint gelblich-weiß	Weiches Holz, muß behandelt werden für Verwendung im Freien.
Kiefer	5–10	Kern und Splint hellgelb	Weiches Holz, muß behandelt werden für Verwendung im Freien.
Douglasie	10–15	Splint gelb-weiß, Kern: gelblich-braun	Kernholz, ist witterungsbeständig.
Lärche	10–15	gelblich-weiß, Splint rötlich-braun im Kern	Kernholz, ist witterungsbeständig.

* Hartholz, alle anderen Weichholz

Zusätzlich bietet sich an, die Hölzer beziehungsweise die Zäune mit einer Grundierung und Deckfarbe zu streichen.
Oberstes Gebot ist, daß das Holz gut abgelagert ist. Frisch geschlagenes, geschnittenes, grünes Holz kann nur für Flechtwerk verwendet werden. Alle anderen Hölzer sollten fachgerecht getrocknet und gelagert werden. Zu schnelles Trocknen verursacht Risse.

Kanthölzer:	Sonderklasse, Normalklasse
ungehobelte Bretter und Bohlen	Güteklasse 0–IV
ungehobelte Latten und Leisten	Güteklasse I–II
gehobelte Bretter und Bohlen	Güteklasse I–III
gehobelte Latten und Leisten	Güteklasse I–II

DIN-Norm-Gütebedingungen

Bretter, Bohlen, Latten und Leisten werden für die Zaunfelder verwendet, Kanthölzer für die Pfosten. Alle diese Hölzer sind ungehobelt oder gehobelt in ihren Abmessungen wie auch in der Qualität von den einschlägigen DIN-Normen festgelegt. In DIN 68 365, Bauholz für Zimmerarbeiten, sind die einzelnen Arten von Bauschnitthölzern definiert. Danach haben Kanthölzer einen quadratischen oder rechteckigen Querschnitt mit Querschnittseiten von mindestens 60 mm. Bretter und Bohlen haben einen rechteckigen Querschnitt mit mindestens 80 mm Breite und einer Dicke von 5 mm. Dabei ist die schmalste Seite stets ein Drittel oder kleiner als die größte. Ist die kleinste Seite größer als 35 mm, wird das Schnittholz als Bohlen bezeichnet. Die Querschnittsmaße von Latten und Leisten sind kleiner als Bretter und Bohlen sowie Kanthölzer.
DIN-Norm 68 365 regelt auch die Gütemerkmale von Bauschnitthölzern aus Nadelholz. In der Bewertung wird die beste Klasse 0 bzw. I zuerst benannt.

Die Normen betreffen die im Handel erhältlichen Hölzer. Zusätzlich zu Bezeichnung und Ausmaß wird auch der Feuchtigkeitsgehalt definiert mit trockenem, halbtrockenem oder frischem Bauschnittholz. Die gängigsten Nadelhölzer, Fichte, Tanne, Douglasie, Kiefer und Lärche werden in den DIN-Normen aufgeführt.
Selbstgefällte oder privat erworbene Hölzer, insbesondere von Laubhölzern wie Esche, Ahorn, Hainbuche und Ulme fallen nicht unter die Normierung. Gerade bei Fallholz ist nicht sicher, daß die Hölzer frei von Pilzen, Rissen, Krümmung und ähnlichen Fehlern sind. In diesem Fall kann auch eine Behandlung mit Holzschutzmittel, egal welcher Art, die zu erwartende Lebensdauer des Holzes nicht garantieren.

SONDERFORMEN

Flechtzäune

Flechtzäune sind die wohl älteste Zaunform, eine Entwicklung des Lebhags (Lebende Hecken). Der Flechtzaun wurde aus abgeschnittenen, geraden Längen von Ästen und Zweigen als flächiges Zaunfeld am Einsatzort zusammengeflochten oder nur gebunden. Die Muster waren regional unterschiedlich, von locker bis dicht, in besonderen Fällen sogar im Fischgrätmuster. Es wurden Weide- und Haselruten, beides gerade, biegsame Hölzer, wenn grün (frisch geschnitten), verwendet. Hauptsächlich als Umfriedung des Gemüsegartens oder der Weide sind sie, wie viele historische Zaunformen, heute fast ausschließlich in Freilichtmuseen zu finden. Weniger im Hochgebirge als in den Ebenen waren sie ursprünglich weit verbreitet, jeder Ort hatte seinen eigenen Ausdruck dafür: Flochtzaun, Etter, Ader oder einfach Hecke.

Der Nutzen von Flechtzaun als Schutz gegen Naturgewalten wurde sehr früh erkannt und ist heute noch unbestritten. Die eingeschlagenen Weiden schlagen Wurzeln, wachsen in den Hang ein. Das Flechtwerk sprießt und fügt sich so in die Vegetation ein, gleichzeitig schützt es den Hang vor Erosion und Abrutschen. Für den Garten sind die Flechtzäune wegen ihrer Anfälligkeit zu natürlichem Verfall (die Zäune sind nicht imprägniert) nur bedingt geeignet.

Hürden

Hürden oder Pferchen, mobile Zaunelemente, waren wichtige Hilfsmittel für die Landwirtschaft. Beweglich, tragbar, in Form von kleinen Toren oder einzeln geflochtenen Feldern, konnten die Hürden beliebig aufgestellt werden. Zu diesem Zweck wurden sie vom Bauern bereitgestellt. Primär für die Viehhaltung, für die Einzäunung wechselnder Weiden und für die Einfriedung von Schafen bei der Abscherung bestimmt, wurden die Hürden auch als Provisorium an Lücken in Hecken und Zäunen verwendet. Heute sind die Hürden, die doch aufwendig in Herstellung und Pflege waren, durch den elektrischen Drahtzaun ersetzt.

Vielfalt und örtliche Formen von Hürden, die regional entstanden sind, findet man heute fast nur in antiquarischer Fachliteratur. Gelegentlich werden Hürden bei landwirtschaftlichen Festen in Großbritannien verwendet. Hier können der ästhetische Wert und die handwerkliche Qualität bewundert werden.

Geflochtene Hürde, ein bewegliches Zaunfeld mit zugespitzten Enden, das einfach ins Erdreich gesetzt wird.

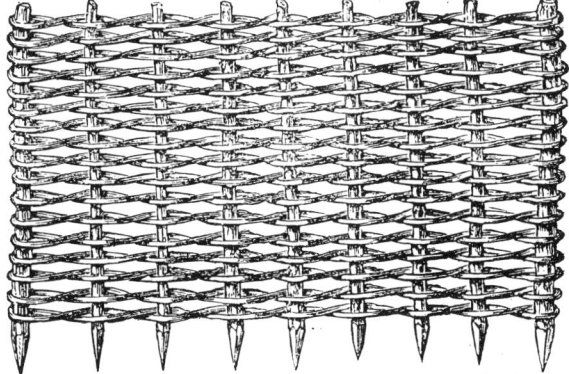

*Senkrecht geflochtener Weidenzaun
in einem Waldgarten. Durch den ständigen Bodenkontakt sind die Hölzer
besonders anfällig für Fäulnis.*

Hürde mit Schnecke.
Westbury upon Severn, England.

»Le rustique«, Beispiele von Rustikal-Holzarbeiten, ausgeführt in den Jardins des Plantes, Paris, Anfang bis Mitte des 18. Jahrhunderts.

Rustikalzäune

Vor hundert Jahren war eine Garten- oder Parkanlage ohne »Rustik«, auf deutsch nur unter »Naturholzarbeit« bekannt, kaum vorstellbar. Eine Modeerscheinung ausgehend im späten 18. Jahrhundert, die sich bis Anfang des 20. Jahrhunderts fortsetzte, war sie ein Versuch, den romantischen Naturstil in der Ausstattung des Gartens widerzuspiegeln. Frankreich und Großbritannien nahmen die Idee mit Begeisterung auf, Wildzäune in einer salonfähigen Ausführung herzustellen.

Als Grundform diente der Jägerzaun, der in jeder denkbaren Form weiterentwickelt wurde, unterteilt, durchbrochen und gebogen. Entsprechend den Naturgegebenheiten wurden ungeschälte, unbearbeitete, lediglich zugeschnittene Äste und dickere Zweige verwendet. Je verknorrter und verwachsener sie waren, um so besser. Die Äste wurden in der ausgesuchten Form aneinandergenagelt, eine Arbeit, die im fertigen Zustand wie gebastelt aussehen sollte, aber in ihrer Ornamentik viel handwerkliches Geschick forderte. Alle Holzarten, von Eiche, Eßkastanie, Buche, Hainbuche, Birke, Hasel bis Fichte und Lärche, wurden verwendet. Hainbuche wurde als besonders geeignet für die Ausführung des malerischen Stils empfohlen.

Bambuszäune

Die Präsenz von Bambuszäunen ist in japanischen und chinesischen Gärten nicht zu übersehen. Selten als Gartenumfriedung verwendet, werden sie innerhalb des Gartens als wichtiges Gestaltungselement eingesetzt. Wegebegleitend, beetumfassend sind Bambuszäune in allen möglichen Formen und Höhen anzutreffen, von Latten-, Spalier-, Bretter- bis hin zu Flechtzäunen. Bambus ist das Äquivalent eines asiatischen Weichholzes, das in allen Stärken von bleistiftdünn bis 125 mm Durchmesser und größer erhältlich ist. Im grünen Zustand läßt sich Bambus gut biegen und kann hervorragend geflochten werden.

Die exotische Note von Bambus ist schwer in den europäischen Gärten einzubringen und wirkt eher deplaziert und unpassend. Das Material ist schwierig zu beschaffen, die Verarbeitung erfordert großes handwerkliches Geschick und Verständnis für das Material.

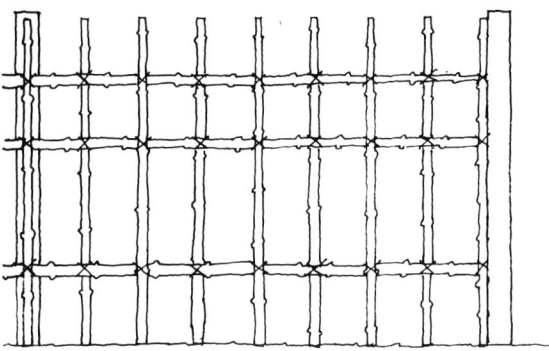

Bambus-Staketenzaun.

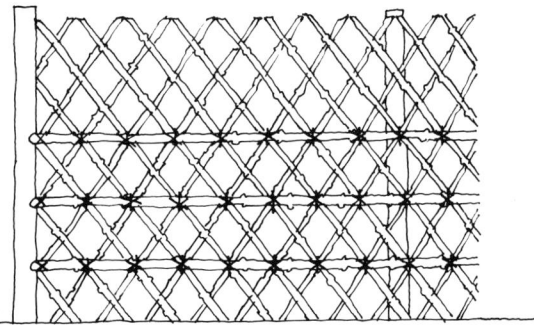

Bambus-Jägerzaun.

Hoher Bambuszaun mit Tor um einen Gärtnerhof. Suchou, China.

GITTER

Gitter in ihrer rhythmischen Abfolge von Stäben haben eine starke ästhetische Ausstrahlungskraft, sie symbolisieren Reichtum, Permanenz und Macht. Zählt man noch den emotionalen Wert, das Ausgesperrtsein, aber doch in eine andere Welt blicken können, dazu, sind Gitter viel mehr als nur eine Einfriedung. Sie sind Zeitdokumente, reichend vom Prachtgitter eines Schlosses bis zum schlichten kleinen Gartengitter.

Das Großstadtgitter

Gitter sind längst nicht mehr nur vor Schlössern und sakralen Bauten zu finden. Das an Einfluß gewinnende Bürgertum des 19. Jahrhunderts imitierte die adeligen Vorbilder und brachte das Gitter in die Stadt. Man verwendete Gitter als Schutz, Bindeglied und als Schmuck, sie wurden geradezu zum Synonym für die Großstadt. Man denke an den Wiener Ring, die Straßen, Plätze und Parks von London und Paris, die Gründerzeitviertel in jeder deutschen Großstadt. Gitter sind eine städtische Lösung, Besitztum zu markieren, aber es nicht voll abzuriegeln. In seinem Handbuch »Der Städtebau« von 1890 legte Joseph Stübben die Maximen fest, die in vielen unserer Städte spürbar sind. Zum Thema Einfriedung galt eindeutig die Forderung, daß diese durchsichtig sein mußte, »wenn der Zweck, nicht bloß dem Hause, sondern auch der Straße als Verschönerung zu dienen, erreicht werden soll.« Gemeint waren Eisengitter von 100 bis 150 cm Höhe, montiert auf einen Sockel in Höhe von 20 bis 50 cm. Der Sockel diente als sauberer Abschluß zum Trottoir, als Grenze zum dahinterliegenden Vorgarten und gleichzeitig als Basis für die Gitter. Der umfriedete Vorgarten wurde somit klar dem Gebäude zugeordnet. Der Straßenraum wurde nicht eingeengt, sondern bis zur Hauskante räumlich erweitert. Eine Abstufung von Zonen innerhalb des Straßenraums: Vorgarten, Gehsteig, Baumreihe, Fahrbahn, Gehsteig,

Hohe Gitter mit integrierten Laternen, errichtet 1863/64. Burgring, Wien.

Detail des Haupttores.
Blenheim Palace, England.

Vorgarten, funktionsgerecht getrennt, war als Einheit erkennbar.

Diese Gliederung, ein Grundelement des Städtebauplans des 19. Jahrhunderts, hat heute noch Gültigkeit.

Im einzelnen wurde festgelegt:

— Die Einfriedung muß durchsichtig sein, den Vorgarten definieren und schützen, aber nicht optisch abriegeln.

— Die Höhe des Gitters innerhalb einer Straße und sogar eines Stadtviertels ist vorgeschrieben, um ein ruhiges und einheitliches Straßengefüge zu gewährleisten.

— In ihrer Ausführung soll die Einfriedung samt Sockel, Pfeiler und Gitter die Formensprache des Bauwerkes aufnehmen.

Im Vergleich zur Blütezeit des 19. und zum Anfang des 20. Jahrhunderts werden heute wenig Metallgitter errichtet. Sie sind lediglich an der Straßenfront vor Prachtvillen, Versicherungsbauten, Kirchen und als Teilabschnitte an Friedhöfen als Neuausführung zu finden. Eine Kombination aus Kosten und städteplanerischer Ideologie hat das Gitter fast in eine historische Sphäre gedrückt. Trotzdem sind vereinzelt gute nachahmenswerte zeitgenössische Beispiele zu finden, die wie damals die Formensprache des Bauwerks aufnehmen und widerspiegeln.

Allzuoft stößt man in Wohngegenden auf das Pseudo-Barock-Gitterchen. Mehr einer sakralen Umgebung verpflichtet, sind diese Tore und Gitter nicht nur deplaziert, sondern auch entwertet. Die weiche, fließende, verzierte Linie des Gitters vermittelt einen lieblichen Eindruck, der aber vor einem Einfamilienhaus, gleich welchen Stils, unpassend ist.

Vorbilder für zeitgenössische Lösungen sollten eher bei den Gründerzeit-Gittern gesucht werden, wo jede Stilrichtung vertreten ist, abgestimmt zum Bauwerk und zur Umgebung. Nur die senkrechten, marschierenden Stäbe waren einheitlich, Verzierung und Ornamentik variierten, von klassisch bis gotisch, naturalistisch bis abstrakt. Ein Spaziergang durch die Stadtviertel ist sicher ergiebiger als das Durchblättern unzähliger Kataloge.

Für das Verständnis, die Beurteilung wie auch die Planung von Gittern ist ein Einblick in Material und Herstellung wichtig, vor allem die Kenntnis über die Unterschiede zwischen geschmiedet und gegossen, wie auch die richtige Auswahl von Formen und Ornamentik für die jeweilige Situation. Metallgitter können selbst vom besten Hobbyhandwerker nicht ausgeführt werden. Fachfirmen helfen bei der Auswahl und stellen das Gewünschte her.

Gitter aus der Gründerzeit. Transparente Abgrenzung von Straßenraum und Vorgarten.

Einfachste Gitter: abwechselnd gerade und gebogene Stäbe. Barbados.

Beispielhafte Gestaltung einer modernen Einfriedung.
Sockel und Pfeiler entsprechen in ihrer Höhe und Ausführung den ortsüblichen Beispielen. Die Gitterfelder sind im Einklang mit der Fenstereinteilung.
Landschaftsarchitekt: Andreas Kübler.

»A dog's life«.
Hundezwinger.
Sudeley Castle, England.

Bescheidenes, waagerechtes, filigranes Gartengitter, eine ländliche Lösung, die weniger geeignet für die Stadt ist.

Geschmiedetes und gegossenes Eisen

Grundkenntnisse über die Unterschiede zwischen geschmiedetem und gegossenem Eisen sind besonders wichtig beim Erwerb, der Restaurierung und Pflege von Altbauten.

Ein Rückblick in die Geschichte zeigt, daß bis zum letzten Jahrhundert Gitter und Tore geschmiedet waren. Erst im 19. Jahrhundert wurde das industrielle Gußeisenverfahren eingeführt. Einige Gitter weisen eine Kombination beider Techniken auf, geschmiedetes Gitterfeld und gußeiserne Verzierung. Das eine ist handwerklich, das andere industriell gefertigt.

Bei näherer Betrachtung sind die Unterschiede erkennbar:

— Die Hammerspuren sind auf geschmiedetem Gitter sichtbar, während gegossene Teile glatt und regelmäßig sind. Lediglich Spuren der Gußform sind erkennbar.

— Bei Verwendung einer wiederholenden Ornamentik sind gegossene Teile identisch, geschmiedete dagegen weisen geringfügige Unterschiede auf.

— Gußeisen ist eher starr und aufrecht, während Schmiedeeisen fließende Linien aufweist.

— Geschmiedetes Eisen hat einen sehr geringen Kohlenstoffgehalt, Gußeisen dagegen einen höheren und ist in der Regel resistenter gegen Feuer und Korrosion.

Im Gegensatz zu geschmiedetem Eisen ist Gußeisen nicht so biegsam und weist wenig Widerstand zu Spannkräften auf.

Schmiedeeisernes Meisterwerk, ein Jugendstiltor, mit Präzision und handwerklichem Können ausgeführt. Nizza, Frankreich.

SCHMIEDEN

Die Verarbeitung von Eisen durch Erhitzen bis zur Glut, in Form Hämmern und anschließend Abkühlen, ist ein altes Handwerk. Eisen, Feuer, Hammer und Amboß sind zwar einfache Mittel, erfordern aber hohes handwerkliches Können. Die Gitterformen wie auch Ornamentik wurden aus den handwerklichen Techniken entwickelt. Das Vokabular ist erstaunlich einfach, die Ergebnisse aus der Hand eines Meisters bewundernswert. Leider gehört vieles zur Geschichte. Heute sind wenige Schmiede oder Schlosser (nach heutigem Handwerksjargon das metallverarbeitende Handwerk) fähig, filigrane, grazile Gitter herzustellen.

Geschmiedete Gitter müssen nicht plump wirken. Geschliffene Eleganz wäre manchmal zu wünschen, wird jedoch heute selten geschaffen. Wer die Investitionskosten eines Schmiedeeisengitters auf sich nimmt, sollte einen der wenigen Meister mit der Ausführung beauftragen.

Das Material

Heute wird anstelle von Eisen Stahl, eine Legierung von Eisen mit Kohlenstoff, verwendet, der gut zu bearbeiten ist. Der Großhandel bietet Stahl als Volleisen, Rohre oder Blech mit unterschiedlichen Stärken an. Es stehen Rundstahl, Vierkantstahl, Quadratrohre, Rechteckrohre, Flachstahl, der nach Bedarf weiterbearbeitet werden kann, zur Verfügung. Sonderprofile werden auf Wunsch gefertigt und einige, wie Hespenstahl, stehen im Sortiment.

Hespenstahl ist vergleichbar mit einem Gurt, der alles optisch zusammenhält. Er wird bei gleichbleibender Wangengröße in drei Breiten, 20, 25 und 30 mm, angeboten. Die Hespen werden als waagerechtes Verbindungselement, ein- oder doppelseitig, an den senkrechten Stäben mit Nieten fixiert.

Umsetzung des maritimen Motivs: sich wiederholende Spiralen als Wellen. Bei näherer Betrachtung weisen die geschmiedeten Spiralen leichte Unterschiede auf. Promenade des Anglais, Nizza, Frankreich.

Kleinteile. Alle Kleinteile, Schrauben, Muttern und weiteres müssen korrosions- und witterungsfest und sollten für die Verwendung im Freien feuerverzinkt sein. Ein handelsübliches Sortiment steht zur Verfügung.

oben
Wie eingerollte austreibende Formen wachsen die Spiralen
aus dem Flacheisen.
Nizza, Frankreich.

oben rechts
Jugendstiltor, entworfen von Friedrich Ohmann.
Hinterbrühl bei Mödling, Österreich.

rechts
Maschendrahtfelder, kombiniert mit einer aufwendigen
Schmiedeeisenarbeit als niedriges Vorgartengitter.
Schwarzenbergplatz, Wien.

Gestaltung mit Vierkanteisen.
Art deco-Gitter in Nizza, Frankreich.

Gitterfeld mit perspektivischer Wirkung.
Neustift am Walde bei Wien.

Verzierte Quadrate, eingesetzt als angedeutete Pfeiler in regelmäßigen Abständen zwischen Gitterfelder aus einfachen Vierkanteisenstäben.
Entworfen von Architekt Beer, 1912. Wien, 13. Bezirk.

Eine typische Beeteinfriedung der Jahrhundertwende. Die Teile (gebogene Flacheisen, anschließend vernietet) waren als Massenware erhältlich und mußten nur am Ort montiert werden. Nizza, Frankreich.

Die Schmiedetechniken am Beispiel eines Gründerzeitgitters: jeder zweite Stab ist torsiert und unten abgespalten. Die Kreise wurden durch Abbiegen geschmiedet und an den Stäben mit Bünden befestigt. Hespen sind als waagerechte Verbindungen mit Nieten an den einzelnen Stäben befestigt.

Schmiedetechniken

Zum besseren Verständnis der Gestaltungssprache sind die wichtigsten Bearbeitungstechniken aufgeführt:

— Die Verbindungen:
  Lochen, Verplatten, Nieten, das Bund.
— Die Verzierung:
  Abbiegen, Abspalten, Strecken und Stauchen, Winden und Torsieren.

Für umfangreiche Informationen ist es empfehlenswert, ein Fachbuch zu Rate zu ziehen.

Lochen. In regelmäßigen Abständen, entsprechend dem Abstand der senkrechten Stäbe, werden Löcher in die obere und untere Leiste geschlagen. Ein runder oder Vierkantmeißel wird im glühenden Eisenstab geschlagen, so daß ein durchgehendes Loch entsteht. Die senkrechten Stäbe werden durchgesteckt und anschließend geschweißt. Die gewellten Ausbeulungen vor den Löchern geben einen interessanten Rhythmus.

Verplatten. Um eine bündige Verbindung zwischen zwei Teilen zu gestalten, werden die Stäbe an den Kreuzpunkten ausgefräst, aufeinandergesetzt und anschließend geschweißt oder mit Nieten oder Schrauben befestigt.

Nieten. Was ein Nagel für Holz ist, ist die Niete für Metall. Spezifisch für die Ausführung von sichtbaren Verbindungen heftet die Niete Teile aneinander. Die Niete selbst war um die Jahrhundertwende ein zelebriertes funktionelles Zierelement, allein oder in Kombination mit schmückenden rosettenähnlichen Muttern. Die Nietenköpfe waren in vielen Formen erhältlich, halbrund, kugelförmig, zugespitzt, abgeflacht. Die Enden wurden mit einem Spezialhammer breitgeschlagen oder mit einem speziellen Setzkopf versehen.

Bund. Ein Verbindungsglied, das zwei oder mehr Teile zusammenhält. In einfachster Form ein schlichtes Band, ein Flacheisen, das um die zu befestigenden Teile gewickelt ist. In verzierter Form mit Profilen und Oberflächenbearbeitung versehen.

Die Verzierung. Die Verzierung des einfachen Gitterfeldes kann in verschiedenen Techniken ausgeführt werden. Die senkrechten Stäbe können gedreht, die Lücken zwischen Stäben und Querleisten mit allerlei Ornamentik gefüllt, die Stäbe mit Lanzen versehen und die Zwischenpfosten mit Kugeln, Ananas und anderem gekrönt werden. Die Variationen sind nicht auszuschöpfen, sie spiegeln die Kunstbewegungen der Zeit in ausgereifter, handwerklicher Form. Die

Karolanzen heben sich von der dahinter gepflanzten Hain-
buchenhecke ab.

Arabesken (rankenförmige Verzierung), Rocaillen (Muschelwerk), Spiralen und Voluten (am Ende gebogene Vierkant- oder Rundstäbe) und weitere wurden alle durch korrekte Anwendung von handwerklichen Techniken ausgeführt.

Abbiegen. In glühendem Zustand wird das Eisen durch regelmäßiges Hämmern gebogen – eine Technik für die Ausführung von Kreisen und Ovalen wie auch von anderen Rundungen.

Abspalten. Der Vierkant- oder Rundstab wird in Teile gespalten und weiterverarbeitet: gedreht, torsiert, gebogen oder gerollt. Diese Technik war besonders geeignet für die Erarbeitung von pflanzlichen Motiven; so konnten Äste buchstäblich aus dem Stab wachsen.

Strecken und Stauchen. Das Volleisen mit rundem oder quadratischem Profil wird im glühenden Zustand gestreckt (verlängert), verkürzt oder auch in die Breite geschlagen. Diese Methode wird auch bei der Herstellung von gerollten Schnecken verwandt.

Winden oder Torsieren. Eine einfache Technik, wobei ein Stab in glühendem Zustand gedreht wird. Der Stab wird an einem Ende im Schraubstock fixiert, am anderen mit Zangen gedreht.

Oberflächenbehandlung

Als Schutz gegen Korrosion können die Gitterfelder und Tore feuerverzinkt werden, ein Verfahren, in dem die Teile in ein Zinkbad getaucht werden. Alle Flächen, sogar die kleinsten Ecken, werden beschichtet. Dieser Korrosionsschutz hat sich als empfehlenswert erwiesen, denn er hält nachweislich etwa 20 bis 30 Jahre. Die silbergraue Farbe des verzinkten Gegenstandes soll erst nach etwa einem Jahr mit zwei Schichten geeigneter Farbe gestrichen werden. Als Alternative können die Teile nach der Feuerverzinkung geschwärzt werden. Diese Oberflächenbeschichtung ist optisch wirksam, jedoch kratzempfindlich.

Reich verzierte Gitter, ausgeführt in Mischtechnik. Die Zierelemente: Rosettenscheiben, Beilagen und Nieten aus Gußeisen. Alle anderen Teile in Schmiedearbeit gefertigt: torsierte Volleisenstäbe, oben abgespalten, gestreckt, gestaucht und abgebogen.

Allerlei Lanzen, natura-
listisch, geometrisch,
dekorativ. Die gezeichneten
Lanzen wurden um die
Jahrhundertwende von
F. S. Kustermann, München,
angeboten.

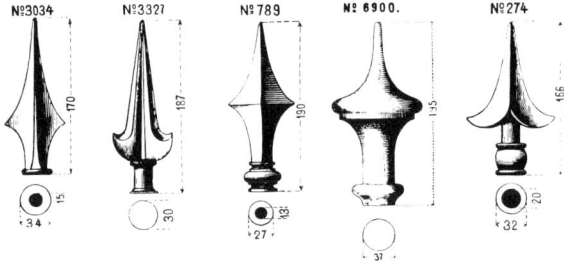

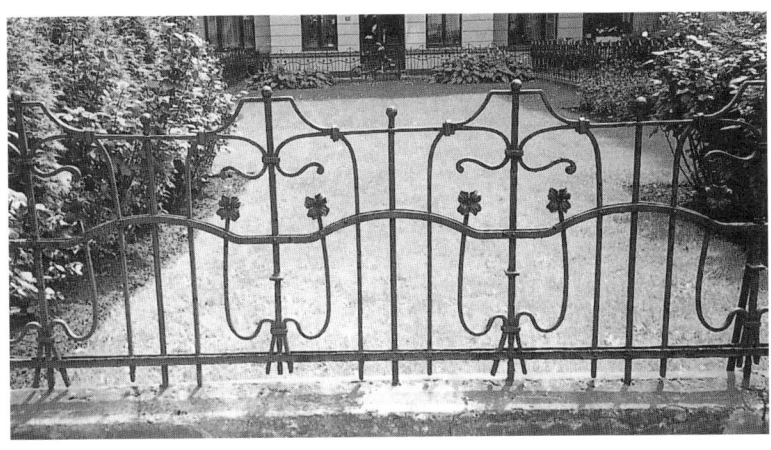

Vorgartengitter in Hamburg-
Harvestehude: Hespen und
Flacheisen, verbunden mit
Nieten und Bünden. Auf-
gesetzte, gegossene Kugel,
Verzierung mit gußeisernen
Rosetten.

GUSSEISEN

Die Herstellung von gußeisernen Gegenständen beruht auf der industriellen Fertigung. Die Produktion von gußeisernen Gegenständen erfolgt in abgestimmter Reihenfolge von der Feuerung des Ofens, Erhitzen des Eisens bis zur Herstellung von Formen und zum Gießen selbst. Obwohl bereits die Chinesen im 4. Jahrhundert Gußeisen für Gefäße und Kochutensilien hergestellt hatten und es seit dem 15. Jahrhundert Gußeisen in Europa gab, wurde erst mit der Industrialisierung im 19. Jahrhundert das Gießen von Eisen zu einer Massenproduktion. Energie, Arbeitskräfte, Land und Bedarf waren vorhanden. Unzählige Gießereien entstanden in Europa und in Nordamerika und belieferten den Weltmarkt. Produziert wurden nicht nur Gitter, sondern ganze Bauwerke, Mobiliar und Ziergegenstände bis zum kleinsten Topf. Die Fertigung war einfach: Glühendes geschmolzenes Eisen wurde in die Formen gegossen, gekühlt und schließlich als fertiges Produkt aus der Form genommen. Dennoch waren Geschicklichkeit und Schnelligkeit erforderlich. Die Temperatur und Belüftung mußten stimmen, das Eisen durfte nicht frühzeitig erhärten, die Formen mußten richtig gefüllt werden. Wasser durfte weder in der Form noch am Boden, Löcher dagegen vorhanden sein, damit die brennenden Gase aus den Formen entweichen konnten.

Die Formen wurden zum Teil im Werk selber entwickelt, öfters aber von bekannten Architekten, wie die Gebrüder Adam in Großbritannien, Hector Guimard in Frankreich, Otto Wagner in Österreich. Die Gießereien wurden weltberühmt: Carron Company, Coalbrookdale Company in England, Schneider et Cie., Eiffel in Frankreich. Ohne Frage war billige und schnelle Herstellung ein wesentlicher Vorteil und der Grund für die rasche Verbreitung von Gußeisen.

Neu ausgeführte gußeiserne Gotikgitter.

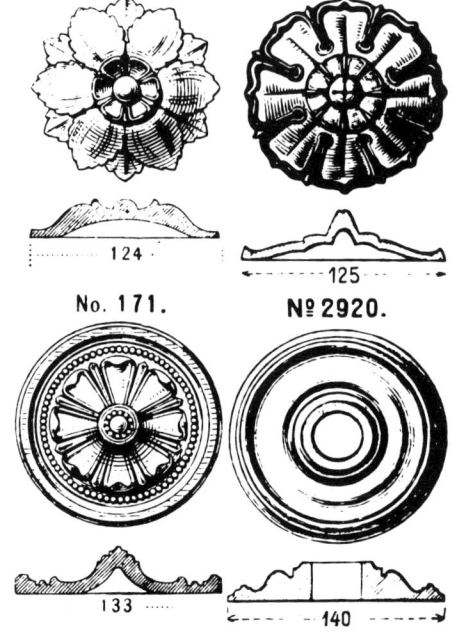

Gegossene Rosetten wurden um die Jahrhundertwende in allen Größen und Formen angeboten. Abgebildet eine Auswahl aus dem Katalog von F. S. Kustermann Eisengießerei in München.

Restaurierungsbedürftiges Einfahrtstor in Cornwall,
England. Die Eisenpfosten sind mit wunderschönen
Guß-Tannenzapfen geschmückt.

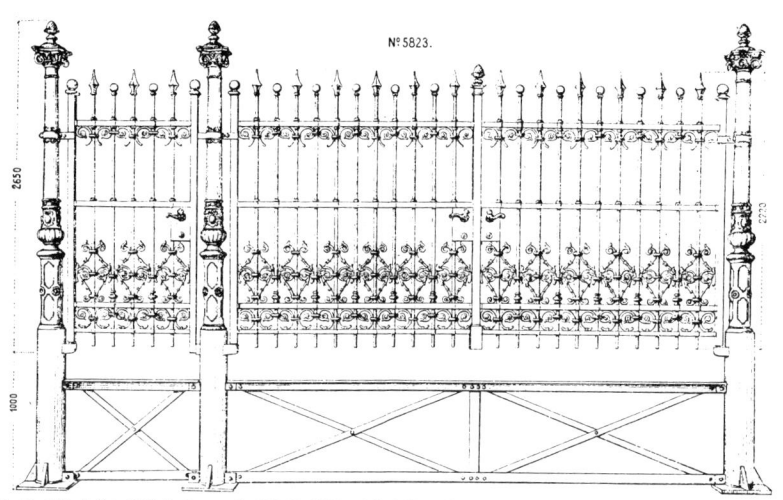

Nº 5823.

Guß-Toranlage, angeboten um die Jahrhundertwende von F. S. Kustermann, München.

Thorsäulen Nr. 4033 mit Bodenstiefel, Verzierungen Nr. 2675, Nr. 2673A und Nr. 2673B, Gitterspitzen Nr. 5822, Gitterknöpfe Nr. 5895 und Artischode Nr 5894.

Das breite Angebot gerade für die Erstellung von Einfriedungen war erstaunlich. Zusätzlich zur Standardausführung von Gitterlängen konnten Lanzen, Spitzen, Kugeln für die Krönung der Stäbe in allen Größen ausgesucht werden. Rosetten, Artischocken, Ananas, Tannenzapfen in allen Größen und Stilrichtungen wurden zur Zierde angeboten. So ließ sich massengefertigte Ware individuell zusammenstellen. Zu diesem Zweck hatte jeder Schmied und Schlosser ein Sortiment von Ziergegenständen, Nieten und Bünden zur Auswahl.

Die Renaissance des Schmiedehandwerks Ende des 19. Jahrhunderts, unterstützt unter anderem durch William Morris in der »Arts and Crafts«-Bewegung, einer englischen Gestaltungsbewegung mit Sinn für das Handgefertigte, stellte die Massenproduktion in Frage. Hinzu kamen die strukturellen Änderungen in den Gießereien,

bedingt durch die Verlagerung der Produktionen. Schließlich bedeuteten der II. Weltkrieg und die Neuordnung das Ende von vielen Gießereien.

Die breite Produktpalette ist geschrumpft, viele der Formen sind verschwunden oder gar vernichtet. Nur die Kataloge und die Stücke selbst sind Zeugen des reichen Angebots.

Antiquitäten oder Schrott. Alte Gußteile, die nicht vom Rost befallen sind, sind sehr gefragt. Als Einzelstück und Vorlage von Formen für die Wiederherstellung von Gußteilen haben alte Gußelemente als Gitter oder Verzierung einen realen Marktwert. Die Restaurierung und Wiederherstellung von altem Bauwerk, die Sanierung von Stadtvierteln haben den Bedarf für Gußformen neu geweckt. So werden einzelne Formen wiederhergestellt, alte Teile in die passende Umgebung integriert.

DRAHTGEFLECHT-
MASCHENDRAHTZÄUNE

Die einfachste und billigste Form einer durchsichtigen Einfriedung ist der Maschendrahtzaun. Kilometer von Maschendraht wurden zwischen Grundstücken aufgestellt, eine anonyme Einfriedung, die zwar eine Funktion erfüllt, aber keinen Beitrag zur Gestaltung beinhaltet, geschweige denn einen persönlichen Ausdruck von Lebensqualität.

Die Leitlinien zur Errichtung von Einfriedungen sind in diesem Punkt besonders wichtig. Kaschiert durch Pflanzung, ist der Maschendrahtzaun eine sinnvolle und preisgünstige Einfriedung als Grenze zwischen Nachbarn.

Drahtgeflecht mit viereckigen Maschen ist nach DIN 1199 genormt. Danach ist die Maschenweite mit 40, 50 oder 60 mm mit entsprechender Drahtstärke und Anzahl von Maschen festgelegt. Im Handel werden verschiedene Höhen angeboten: 60, 80, 100, 110 und 150 cm. Weiterhin sind Felder mit 175 und 200 cm Höhe erhältlich. Je höher der Zaun, um so größer ist die Maschenweite. Zwischengrößen werden auf Wunsch als Sonderanfertigung erstellt. Die Pfosten werden in regelmäßigen Abständen von etwa 3 m in Betonfundament gesetzt. Das Drahtgeflecht, in der Regel grün kunststoffummantelt, ist von längerer Lebensdauer als der nur einmal vor Korrosion geschützte feuerverzinkte Draht. Der Drahtzaun wird zwischen die Pfosten gespannt, wobei die Unterkante des Netzwerkes circa 5 cm vom Boden entfernt ist. Die fertige Höhe des Zaunes ist entsprechend höher als die Maschendrahtfelder. Im Vorgarten ist der heutige Maschendraht-

Schuppengeflecht aus der Jahrhundertwende.
Eine Variation des üblichen Maschendrahtgeflechts.

zaun, mit Ausnahme als Verstärkung zu einer geschnittenen Hecke, falsch am Platz. Er ist ein sekundärer Einfriedungstyp, geeignet für Grenzen der 2. und 3. Ordnung. Solche Bereiche benötigen infolgedessen einen anderen Einfriedungstyp.

Für die Umzäunung landwirtschaftlicher und forstwirtschaftlicher Flächen sowie für Erwerbsgärtnerei wird Drahtgeflecht mit sechseckigen Maschen (DIN 1200) angeboten. Das Drahtgeflecht ist leicht, die Maschenweite je nach Höhe von 10 bis 100 mm, die Drähte sind schwach und nicht immer verzinkt.

oben
Maschendraht, eingerahmt – als
Gestaltungsmotiv passend zu den
geschnörkelten Tischen und Stühlen
der 50er Jahre.
Nizza, Frankreich.

links
»Art deco«-Maschendrahtzaun in
Nizza.

Wellengitter aus den 20er Jahren.
Nizza, Frankreich.

Wiener Maschen

Eine Rundfahrt durch die Wiener Stadtbezirke außerhalb des Gürtels beweist die Vorliebe für Gitter. Nicht eine militärische Aneinanderreihung von Eisenstäben, vielmehr dominieren Metallflechtwerk, Felder in allen Formen und Größen, teils rechteckig, mal quadratisch, sogar oval mit passenden Toren und Pfosten. Quadratische und rautenförmige, feste Maschen bilden den Grundtypus. Eine ganz eigene Formensprache, die kaum in einer anderen Stadt angetroffen wird.

Die Formen beruhen auf der Verwendung von Ornamenten als Ergänzung zur Standardausführung, einer einfachen, aber doch anspruchsvollen und aufgewerteten Einfriedungsart. Durch Variationen sind sie passend zu jedem Baustil, vom Jugendstil bis zur neuen Sachlichkeit. Die Felder wie auch die einfachsten Pfosten waren Serienerzeugnisse.

Um besondere Einfriedungen zu gestalten, wurden diese Produkte als Füllung für Rahmen aus Schmiedeeisen verwendet. Mit Arabesken und Schnörkeln verziert und mit naturalistischen Motiven versehen, trug nun jede Einfriedung ihre eigene individuelle Handschrift.

Die Drahtgeflechtzäune wurden im Vorgarten als einheitliches Material verwendet, fügten sich im Gesamtbild gut in den Straßenraum, sind durch ihre individuellen Ausführungen jedoch keinesfalls stereotyp. Die breite Palette ist nicht mehr erhältlich, einfachste Ausführungen werden noch angeboten – ein Anzeichen, daß diese eindrucksvolle Einfriedung nicht ganz aussterben wird.

»Jugendstil für den Hausgebrauch«: serienmäßig erzeugter Maschendraht, ergänzt mit Flacheisenrahmen und verzierten Pfeilern. Wien, 18. Bezirk.

oben und unten
Sehr beliebter und häufig anzutreffender Wiener Zaun aus
Maschendraht. Die Tore, ebenso über den Handel zu
bestellen, waren immer mit Ornamentschnörkeln verziert.
Wien, 13. Bezirk.

Girlanden – eine zart angedeutete berankte Trennung zwischen Staudenbeet und Rasenfläche.
Kellie Castle Gardens, Schottland.

Girlanden

Sie stellen eine besondere Form von begleiten-der, angedeuteter Einfriedung dar, die in man-chen historischen Gärten wie Kellie Castle in Schottland, Jardin de Luxembourg und Roseraie de l'Hay les Roses in Paris angetroffen wird. Kon-kave Drähte, Rohre, manchmal Seile, sind von Pfosten zu Pfosten oder sogar von Stamm zu Stamm geschwungen, als dekorative Kletterhilfe für Rosen oder Efeu.

Ein besonders effektives Gestaltungselement, das im kleinsten Garten Verwendung finden kann.

Gitter mit Kugelköpfen, eine kinderfreundliche Lösung, die Verletzungen verhindert.

DAS GITTER, EIN VERSTECKTES SPIELGERÄT

Gitter reizen zum Besteigen. Für Kinder aller Altersgruppen stellen sie ein Hindernis dar, das unbedingt überwunden werden muß. Gitter zum Dranhängen, zum Rausschauen. Man muß sich jedoch der Gefahrenzone eines Gitters bewußt sein. Die Neugestaltung von Gittern, insbesondere in dichtbewohnten Siedlungen, muß die Gefahr der Bekletterbarkeit berücksichtigen. Leiterähnliche Konstruktionen sind nicht in Erwägung zu ziehen.

Der Abstand zwischen den senkrechten Stäben sollte vorschriftsgemäß nicht mehr als 12 cm betragen, damit der Kopf eines Kindes nicht hineinpaßt und darin stecken bleiben kann. Wenn man sich an den schrecklichen Tod des kleinen Sohnes der Filmschauspielerin Romy Schneider erinnert, wird einem sofort klar, daß Lanzen in jeder Form lebensgefährlich sein können. Scharfe, spitze Lanzen sollten bei neuen Gittern nicht ausgeführt werden. Kugeln, flach gehämmerte Löffel, gerollte Schnecken können verwendet werden. Das optische Erscheinungsbild des Gitters wird dadurch nicht verschlechtert.

Gitter um Spielplätze werden mit besonderem Bedacht ausgesucht; ästhetisch nichtssagend, fallen sie gerade deshalb nicht auf und verleiten durch ihre unscheinbare funktionsgerechte Gestaltung nicht zum Spielen. Die langweilige, einfallslose Erscheinung ist verzeihlich und wird in der Regel durch Hecken oder lockere Strauchgruppen kaschiert.

Typisches Parkgitter, gebogene U-förmige Stäbe.
Landesgartenschau Dinkelsbühl.
Landschaftsarchitekten: Dore Müller mit Jürgen Voss.

PFLEGE UND RESTAURIERUNG

Rost und Korrosion, verursacht durch Feuchtigkeit und Umwelteinflüsse, beschleunigen den
natürlichen Verfall von Eisengittern. Schmiede-
wie auch Gußeisen aus dem letzten Jahrhundert
bedarf regelmäßiger Vorsorgemaßnahmen. Streichen bietet einen gewissen Schutz, greift aber
der Rost einmal an, ist ein besonderes Pflegeprogramm notwendig.

Kleine Unregelmäßigkeiten, Risse oder Dellen
sind Schwachstellen, in denen sich Feuchtigkeit
sammeln kann, die zum Rost führt: eine lang-
same Korrosion, bei der das Eisen weggefressen
wird. Eisen ist besonders anfällig für jede Form
von Säure, seien es Salz, Meeressalz, Streusalz
oder saurer Regen. Schlimmstenfalls muß bei
totalem Verfall das Teil entfernt, maßgetreu wiederhergestellt und ersetzt werden. Für die Repa-
ratur steht heute nur Stahl zur Verfügung, der
paßgenau verarbeitet werden kann.

Für den Ersatz von Gußteilen kann es notwendig
sein, neue Formen gießen zu lassen. Unter Umständen ist dies eine sehr kostspielige Angelegenheit, da die Formen selten vorhanden sind
und neu hergestellt werden müssen.

Im Falle einer kompletten Renovierung oder Wiederherstellung ist es hilfreich, die vorhandenen
Teile als Musterstücke aufzubewahren. Der Zustand wie auch die Anschlüsse an benachbarte
Grundstücke sollten dokumentiert werden. Origi-
nalpläne und historische Aufnahmen können von
großem Nutzen sein. Die Teile werden gesäubert, alte Farbe und Rost wird entfernt, entweder
am Ort mit Schmirgelpapier oder Drahtbürste,
oder sie werden abmontiert und chemisch gesäubert. Die Methode des Säuberns hängt vom
Zustand des Gitters ab. Unabhängig von der
gewählten Methode muß das frisch gereinigte
Eisen staubfrei sofort mit einem Korrosions-
schutzmittel gestrichen werden.

Der beste Schutz, auch für feuerverzinkte Gitter,

Eine farbliche Note: blaue Gitter mit Pfeiler.

ist das Streichen. Die bewährten Grundregeln für das Streichen müssen eingehalten werden:
— Die Flächen müssen trocken und staubfrei sein.
— Nicht bei anhaltend niedriger Temperatur streichen.
— Zwei Schichten streichen, eine Grundierung, ein Hauptanstrich.

Die ausgesuchte Farbe sollte zum Bauwerk und zur Umgebung passen, leuchtende Farben sind für ein Gründerzeit-Gitter ebenso unpassend wie pastellfarbene für ein Bauwerk aus den 30er Jahren.

Zum Schluß ein Hinweis zur Behandlung von hohlen Gußteilen: Sie dürfen auf keinen Fall mit Beton gefüllt werden. Zwischen dem getrockneten Beton und Guß kann sich Wasser sammeln und Rost verursachen.

Nur fachkundige Handwerker sollten mit der Restaurierungsarbeit beauftragt werden. Ein Überpinseln mit Farbe versteckt zwar den Schaden, beseitigt ihn aber nicht. Die Landesämter für Denkmalpflege können bei der Benennung von geeigneten Handwerkern und Gießereien hilfreich sein.

Die Mauer als Trennung zwischen Garten und Kulturlandschaft. Villa Gamberaia, Settignano, Italien.

GARTENMAUERN

In einer Zeit, in der Mauern fallen, stellt sich die Frage, inwieweit Gartenmauern noch in das Stadtgefüge passen. Eine Frage, die bereits dem Städtebau des 19. Jahrhunderts gestellt wurde. Um Wünsche einzelner Bürger und Institutionen, sich hinter »Verteidigungsmauern« zu verbergen, einzudämmen, wurden Vorschriften erlassen, die den Bau einer Mauer nur in Ausnahmefällen zuließen.

Heute ist es nicht anders. Vorgartenmauern sind im allgemeinen unpassend, sie riegeln den Straßenraum ab, beeinträchtigen die rhythmische, räumliche Abfolge von Fahrbahn, Gehweg und Vorgarten. In den weitläufigen Vororten ist eher die gärtnerisch-grüne Grenze gefragt als die totale Abgrenzung durch eine Mauer. So sind Gartenmauern, wenn überhaupt, nicht um das gesamte Grundstück zu ziehen, sondern eher an einer Seite als Verlängerung der Hauswand und eine grundstücksinterne Trennung zwischen Vor- und Hauptgarten.

Lediglich in den kleinen, innerstädtischen Höfen haben Mauern ihren Platz. Abschirmung und Schutz sind hier notwendig, um kleine grüne Oasen zu schaffen. So jedenfalls sind die Vorstellungen von »geheimen« Gärten. Die Realität ist oft anders, kahle, leblose Mauern, sterile Flächen, die nach Pflanzen schreien. Hier sind die Beispiele aus der englischen Gartenkunst musterhaft. Die Mauer als Hintergrund und Schutz für eine Staudenpflanzung, Rückwand für ein Obstspalier oder als Fläche für Kletter- und Schlingpflanzen wirkt nicht mehr bedrohlich, sondern wird zum heiteren Gartenelement.

Bei Neubauten ist die Genehmigung von Mauern von Fall zu Fall unterschiedlich; manchenorts nicht zugelassen, anderswo, wo Mauern vorgefunden werden, nur in Höhe, Material und Art wie die ortstypischen erlaubt. Vor Baubeginn ist es wichtig, die beabsichtigte Baumaßnahme bei der Genehmigungsbehörde zu klären. Wird dem Vorantrag dort zugestimmt, richtet sich die Entscheidung, ob Naturstein, Ziegel, Klinker oder sogar Beton verwendet wird, nach den örtlich vorgefundenen Werkstoffen und dem Baumaterial des angrenzenden Gebäudes. Betonmauern sind nur mit bearbeiteter Oberfläche, das heißt gestockt oder gerauht, zu empfehlen. In dieser Form ähneln sie Naturstein und fügen sich optisch besser in das Gesamtbild ein. Von der geschalten oder glatten Betonmauer ist Abstand zu nehmen.

Kosten spielen eine wichtige Rolle. Bearbeitete Natursteinmauern sind teuer. Betonmauern sind preisgünstiger, haben aber wenig ästhetischen Wert. Klinkermauern sind erschwinglich, jedoch nicht zu jeder Situation passend. Egal welcher Mauertyp gewählt wird, es müssen die Kosten des Fundaments wie die Berechnung der Statik zum Gesamtpreis dazugerechnet werden.

Die Pflege, der Erhalt und die Integration von vorhandenen Mauern sind sehr wichtig. Wie beim Gitter und den Zäunen gehören die Mauern, wenn einmal ausgeführt, zum Gebäude. Bei Burgen ist dies offensichtlich, bei ummauerten Gründerzeitvillen weniger. Die Lebensdauer von Mauern ist sehr lang, der Pflegeaufwand kaum nennenswert. Es müssen beim Sichtmauerwerk lediglich die Fugen nach Bedarf ausgebessert, verputzte Mauern gestrichen und der Putz erneuert werden.

Unter Berücksichtigung der heutigen Rolle der Gartenmauer werden hier nur die wichtigsten Aspekte von Naturstein-, Klinker- und Ziegelmauerwerk wie auch Beispiele von Mischmauerwerk und verputzten Mauern vorgestellt. Hinweise zum Selbstbauen sind nicht gegeben, denn die Errichtung von Mauern sollte ausschließlich durch ausgebildetes Fachpersonal erfolgen.

Der Eingang zum »geheimen Garten«. Ziegelmauer,
mit Rosen und Efeu überwuchert.
Peover Hall Gardens, England.

Friesischer Erdwall aus aufgeschichteten Findlingen
mit ortstypischem Tor.

links
Synthese zwischen Bauwerk und Pflanzen. Vorgarten-
mauer, unterbrochen durch Lattenfelder, bewachsen mit
Efeu und Wildem Wein.

unten
Die Gartenmauer als Hintergrund und Schutz für ein
prachtvolles Staudenbeet. Weinreben und Obstspalier
gedeihen im günstigen Mikroklima der Südmauer.
Snowshill Manor Gardens, England.

NATURSTEINMAUERN

Natursteinmauern sind eine kleine Geologie-, Geschichts- und Wirtschaftskunde für sich. Die verwendeten Steine deuten auf die örtlichen geologischen Vorkommen, Bauweise und -zustand auf die wirtschaftlichen Verhältnisse, das Alter und die Ausführungsart auf die geschichtliche Entwicklung hin. Die Steine werden auch heute nur in der Nähe ihrer Vorkommen verwendet. Bei fehlendem oder nicht geeignetem Steinvorkommen wird anderes Material für Umfriedung und Bauwerk verwendet. Die einfachen, fast spontanen Mauern sind mit kargen, kahlen Landschaften assoziiert, spärlich bewachsen, durchkreuzt von schmalen Feldmauern.

Erst in Siedlungsnähe werden die Felder kleiner, die Landschaft ist von grünen Gärten geprägt, die Natursteinmauern werden weniger dem Zufall überlassen.

Vielerorts waren die rauhen Feld- und Bruchsteine zu grob für die Garten- oder Umfriedungsmauer. So wurden zur Straßenfront diese Mauern aus den ortstypischen, jedoch bearbeiteten Steinen sauber geschichtet, mit einer Häubchen-Mauerkrone abgedeckt und manchmal mit Reliefs oder Skulpturen verziert. Durch die Verarbeitung und die gärtnerische Bepflanzung haben die Mauern Wärme und Charakter. Hinter dem Haus im Nutzbereich des Gartens setzten sich die Feldmauern fort. Nur in den großen herrschaftlichen Anwesen wurden bearbeitete Mauern durchgehend verwendet. Die preislichen Unterschiede der Ausführungsart waren am Ende des letzten Jahrhunderts bekannt und die Erstellung solcher Mauern durchaus keine Selbstverständlichkeit, wie eine zeitgenössische Schweizer Quelle berichtet: »Die Kosten für die Errichtung einer Mauer sind ziemlich bedeutend, sie wechseln je nach Höhe und Breite der Mauer, nach der Entfernung und Schwierigkeit des Steintransports und nach den Arbeitskräften. Am billigsten werden sie von den Arbeitern aus dem Tessin, Italien und Tirol erstellt, weil diese ›geborene Mauerer‹ sind.«

Heute ist es wenig anders. Eine vom Fachmann ausgeführte Steinmauer mit bearbeiteten Steinen ist kaum bezahlbar, die Material- und Lohnkosten sind hoch, vor allem aber ist das Material teuer. Steinmauern sind Kulturgut und müssen gepflegt und instandgehalten werden.

Trockenmauern

Feld- oder Bruchsteine werden ohne jegliche Bearbeitung oder Bindemittel wie Mörtel aufeinandergeschichtet. Die Art, in der die Steine gesetzt werden, gibt der Mauer Halt und Stabilität. Normalerweise werden sie konisch mit einer breiten Basis und schmalen Kronen aufeinandergelegt. In der einfachsten Form werden die Feldsteine mit der Hand zusammengesammelt, geschichtet und manchmal mit Ästen und Zweigen bedeckt. Die sogenannte »Klaubsteinmauer« wird im Alpenraum als Feldmauer vorgefunden. Im 19. Jahrhundert wanderten Feldmauer-Handwerker durch England und Schottland und boten ihre Arbeit an. Sogar die kargsten Gegenden Schottlands wurden für die Schafhaltung eingemauert. Aufgelesene Feldsteine reichten für dieses Vorhaben allein nicht aus, es wurden zur Herstellung der Feldmauern daher eigens Steinbrüche eröffnet.

Wie in Schottland wurde auch in England und Wales die Landschaft erobert. Die Handschrift der Region war nicht nur am verwendeten Stein abzulesen, sondern auch an Kleinigkeiten wie der Gestaltung der Mauerkrone.

In den Ritzen siedelte sich die Flora an, Algen, Farne, Steingewächse. Gerade dieser Aspekt der bewachsenen Mauer ist für den Garten sehr reizvoll und wurde in Form von Stützmauern oder Terrassenmauern in einigen Gärten eingeführt.

*Der Übergang vom Feld
in den Garten.
Cotswolds, England.*

*Große Kalksteinplatten sind
als Garteneinfriedung ins
Erdreich gesetzt. Im Hinter-
grund eine ortsübliche
Trockenmauer.
Filkins, Cotswolds, England.*

Bruchsteinmauerwerk

Bruchsteine, gesägte oder gebrochene Steine,
meist in leicht unregelmäßigem, rechteckigen,
quadratischen oder rundlichen Format, werden
ohne erkennbaren Verband als Mauer gelegt. Es
ist ein ausgesprochen ländlicher Mauertyp, der
in eine städtische Umgebung schlecht paßt.
Trocken oder mit Mörtel verlegt, wird dieses
Mauerwerk vielerorts anschließend verputzt. In
diesem Fall sind die Fugen unterschiedlich stark
und das Steinmaterial nicht von bester Qualität.

Nagelfluh-Bruchsteinmauer als Stützmauer, bewachsen mit Steingewächsen.

Natürlich entstanden oder gebaut? Schiefer, mühevoll als Erdmauer geschichtet. Cornwall, England.

Eine besondere Steinmauer, in Cornwall, England als Steinhecke bekannt. Auf einer mit Bruchsteinen geschichteten Grundmauer werden Kieselsteine sorgfältig in Reihen gelegt, die Fugen mit Humus verfüllt und die Mauer mit Rasenboden abgedeckt. Ein idealer Lebensraum für Farne, Moose und Algen.

Über 300 Jahre altes, hammerrechtes Schichten-mauerwerk, mit passender Abdeckung.
Cotswolds, England.

Detailaufnahme einer fein-bearbeiteten Kalkstein-Gartenmauer. Die Umrisse der Blöcke sind scharriert, die Oberfläche ist fein gespitzt.

Regelmäßiges Schichtenmauerwerk

Die verwendeten Steine haben alle ähnliche Größen und Formate; als ausgesuchte Ware vom
Steinbruch geliefert, werden sie nach Bedarf an
Ort und Stelle leicht bearbeitet. Wie Ziegelsteine
werden die Steine regelmäßig verlegt, so daß
sich ein erkennbarer Verband ergibt. Bei fach-
männischer Vermauerung niedriger Gartenmauern mit gutem Material ist Mörtel nicht unbedingt notwendig. Diese Form von Gartenmauer
ist öfters Kulisse für Kletterpflanzen und Stauden.

Hammerrechtes Schichtenmauerwerk

Die rauhe Struktur des Steins wird durch Bearbeitung gemildert. Die Steine sind von unter-
schiedlichem Format, quadratisch oder rechteckig und werden vor der Verlegung bearbeitet,
bossiert und manchmal scharriert. Die Verarbeitung ist so exakt, daß die Steine mit Knirschfugen
(engste Fugen, Stein an Stein) aneinandergemauert werden können. Eine sehr schöne und
aufwendige Mauer, die in der Regel nur um historische Bauten vorgefunden, selten neu ausgeführt wird.

Zyklopenmauerwerk

Ähnlich wie beim Bruchsteinmauerwerk werden
Steine ohne Einhaltung eines Verbandes aufge-
mauert. In diesem Fall sind dies hauptsächlich
Granitfindlinge, die sich ausgesprochen schwierig spalten lassen und so als ganze, runde, große
Steine verwendet werden müssen. Ein richtiges
Zyklopenmauerwerk erfordert einen hohen Grad
an Können, da die Steine genauestens ausgesucht und passend verlegt werden müssen. Es
ist eine ausgesprochen haltbare Mauerform –
bewiesen durch viele Beispiele aus vergangenen
Epochen.

ZIEGEL- UND KLINKER-GARTENMAUERN

In Gegenden, wo Naturstein nicht vorkommt und wo es zu schwierig und kostspielig war, Steine herbeizuschaffen, wurde auf Ziegel- oder Klinkersteine zurückgegriffen. Durch das handliche Format, einfache Bauweise und verbesserte Transportmöglichkeiten ist die Verbreitung von Ziegel und Klinker nicht mehr regional beschränkt. Nicht nur in Norddeutschland, sondern auch im Süden werden »gebackene Steine« als Ersatz für Naturstein verwendet. Ziegelmauern verbinden Haus und Garten, umrahmen die Gartenhöfe der norddeutschen Städte wie Lübeck, sind überall in den Niederlanden zu finden, sie überragen und schützen die Nutzgärten von manchen Schlössern.

Die Variation der Klinker- und Ziegelmauer liegt in den angebotenen Farbtönen und der Oberflächenstruktur von glatt bis rauh sowie den Verlegungsarten. Die Farbskala reicht von Gelb über alle Rottöne bis Dunkelbraun. Die Schattierungen sind fein, variieren sogar innerhalb eines Brandes, sind aber maßgebend für die ästhetische Qualität der Ziegel oder Klinker.

Im süddeutschen Raum werden die Mauern verputzt und anschließend gestrichen, passend zum örtlichen Baustil und zur Umgebung – eine gewisse Verfremdung des Materials, die aber zugunsten des örtlichen Erscheinungsbildes akzeptiert werden muß. Eine verputzte Mauer ist ebenso fremd in Friesland wie eine Backsteinmauer in Oberammergau.

Gartenmauern sind ein Stück Architektur, ein Bauwerk, das zwar keine tragende Funktion hat, aber standfest gegen Wind, Regen und sonstige Erschütterungen sein muß. Eine Mauer kann daher nicht irgendwie gebaut werden. Zum einen sind Mauern genehmigungspflichtig, zum anderen müssen alle Mauern über 90 cm Höhe

Haus und Einfriedung sind aus einem Guß.
Die vorgelagerte Haustüre dient gleichzeitig als Eingangstor.
Sutton Courten, England.

oben
Einfamilienhaus, gebaut in den 60er
Jahren. Der private, abgeschlossene
Charakter wird durch die Garten-
mauer betont. Wien, 13. Bezirk.
Architekt: Roland Rainer.

rechts
Ziegelmauer mit charakteristischen
weißen Ausblühungsflecken.

unten
»Luftige« Friedhofsmauer
in Tschechien.

statisch berechnet werden. Dabei wird die notwendige Mauerstärke für die gewünschte Höhe berechnet, die Ausmaße der Fundamente, die notwendige Bewehrung (d. h. Verstärkung durch Stahlstäbe), Anzahl und Position von Dehnungsfugen, und es wird geprüft, ob zusätzliche Versteifung in Form von Pfeilern benötigt wird. Um die Standfestigkeit und Ästhetik der Mauer zu gewährleisten, sollte diese Arbeit nur von Fachfirmen ausgeführt werden.

Sowohl für die Neuerrichtung wie auch für die Instandsetzung von Ziegel- und Klinkermauern sind einige Grundinformationen notwendig, auch wenn die Arbeiten von Fachleuten geplant und ausgeführt werden.

Ziegelstein

Es wird unterschieden zwischen Ziegel- und Klinkersteinen. Beide sind aus Lehm, Ton oder toniger Masse. Die Steine werden in Formen gepreßt, getrocknet und gebrannt. Der Unterschied liegt in der Temperatur des Brandes und damit in der Härte des Materials. Ziegel werden niedriger gebrannt als Klinker, haben deshalb mehr Poren und sind weicher. Wegen ihrer großen Poren können sie mehr Wasser aufnehmen und sind daher frostempfindlicher. Die Belastung und Druckfestigkeit sind gering, die Empfindlichkeit gegenüber Säuren ist hoch. In der Regel werden Ziegelsteine in Norddeutschland, den Niederlanden, in Dänemark und England verwendet, wo mildere Klimabedingungen vorherrschen, vor allem aber, weil die europäischen Äquivalente zu den DIN-Normen hier nicht so streng gehandhabt werden.

Auch in Gegenden mit mildem Klima sollten die ersten fünf Ziegelreihen einer Gartenmauer unbedingt aus hartem gebrannten, frostbeständigen Material sein. Um den Schaden durch Einzug von Feuchtigkeit möglichst gering zu halten, ist eine Isolierung bei den unteren, unter Bodenniveau gelegten Ziegeln notwendig.

Klinkerstein

Klinker aus eisenhaltigem Ton wird bis zur Sinterung gebrannt. Die Brenntemperatur (110 °C) ist so hoch, daß die Scherben verglasen, die Poren schmelzen, und so erhält man einen sehr festen, porenlosen Stein, der kein Wasser mehr aufnehmen kann. Es wird empfohlen, im Außenbereich Klinkersteine zu verwenden, da die Haltbarkeit und vor allem die Frostbeständigkeit gewährleistet sind.

Die Fähigkeit der Wasseraufnahme, Biegefestigkeit und Druckfestigkeit werden alle nach DIN 105 geprüft. Die Klinker müssen frost- und säurebeständig sein. Zusätzlich sollten sie frei von ausblühenden Salzen sein. Ein Prüfzeugnis wird für alle Klinkersteine ausgestellt.

Ob es sich um Ziegel oder Klinker handelt, kann von der Farbe und vom Klang her festgestellt werden. Der Ziegelstein ist wesentlich heller in der Farbe. Klinker gibt einen klaren, Ziegel einen gedämpfteren Ton.

Nach DIN-Norm 105 sind die Grundstoffe von Klinker Lehm, Ton oder tonige Masse mit oder ohne Zusatzstoffe. Die Qualität und die Eigenschaften des Lehms oder Tones werden von der Ziegelei geprüft, denn nicht jeder Ton ist vom Mineralgehalt für Klinker geeignet. Die Zusatzstoffe betonen und leiten die Farbe und erhöhen die Qualität des Steins für spezifische Zwecke; so kann die Oberflächengestaltung durch Zusatzstoffe wie Sand, der für eine rauhe, strukturierte Fläche sorgt, beeinflußt werden. Die ausgesprochene Härte des Steines ist ideal für die Benutzung als Außenmauer.

Formate

Die Formate der Klinker und Ziegel sind nach DIN 105 genormt, sie sind von Hersteller zu Hersteller in Maß und Bezeichnung gleich, nur die Farbpalette variiert.

Für Gartenmauern sind Vollziegel oder Vollklinker

mit dem passenden Halbstein am geeignetsten. Typen und Formate werden mit Kurzzeichen in den Prospekten ausgeführt:

DF	(Dünnformat)	240 x 115 x 52 mm
NF	(Normalformat)	240 x 115 x 71 mm
M_z	Vollziegel	
KM_z	Vollklinker	

Zusätzlich ist ein Format mit 113 mm Höhe erhältlich. Ecksteine mit 90°-Ecken, 135°-Außen- oder Innenecken wie auch Rundziegel mit Außen- oder Innenradius werden in Katalogen angeboten.

Abdecksteine

Eine Gartenmauerabdeckung ist eine Notwendigkeit, sowohl von funktionellen wie von gestalterischen Gesichtspunkten aus gesehen. Eine Mauer muß vor Feuchtigkeit geschützt werden, sowohl am Fuß wie auch an den Maueroberkanten. Abdecksteine, ob seitlich abgeschrägt, gerundet oder sogar als kleines Dächlein, schützen die Mauerfläche gegen Schlagregen. Das Wasser muß abfließen können, ohne auf die Mauerfläche zu schlagen. Aus diesem Grunde muß die Abdeckung über die Mauerfläche ragen und mit Tropfkanten ausgebildet sein.
Die Mauerkrone bildet den Abschluß der Gartenmauer und ist ein wichtiges, gestalterisches Element, das immer das Erscheinungsbild beeinflußt. Sie sollte entsprechend ihrer Funktion und den ästhetischen Wünschen des Bauherrn und Architekten ausgesucht werden.

Handschlagziegel

Zusätzlich zu den Normgrößen können auf Anfrage Handschlagziegel gefertigt werden. Länge, Breite und Höhe werden vom Auftraggeber benannt wie auch die gewünschte Farbe und Oberflächenstruktur. Für manche sind die Normformate zu beschränkt. Insbesondere bei der Restaurierung von historischen Bauten und Gärten können die Normsteine nicht immer verwendet werden. Bei den Handschlagziegeln sind folgende Abmessungen erhältlich:

290 x 138 x 65 mm
320 x 152 x 71 mm
340 x 162 x 71 mm
330 x 160 x 52 mm

Die passende Mauerabdeckung als flache oder spitze Dachform, Rundbogen, Segmentbogen oder in Trapezform ist auch erhältlich. Aufgerauhte Oberfläche und Unregelmäßigkeiten in der Steingröße zeichnen die Handschlagsteine aus. Ein fachmännisches Verlegen ist unbedingt erforderlich, um die Differenzen auszugleichen und eine einigermaßen gleichmäßige Fugenstärke zu gewährleisten.

Variationen zu einem Thema: Die Verbandsarten

Entwickelt, um die größtmögliche Stabilität zu erzielen, bestehen alle Verbände aus einer bestimmten rhythmischen Reihenfolge von einzelnen Steinen, die in gleichen Abständen hinter- und aufeinandergemauert sind. Ziegel- und Klinkersteine können entweder längs zur Mauerrichtung als »Läufer« oder quer im rechten Winkel als sogenannte »Binder« gelegt werden.
Fast alle Verbandsarten können für eine freistehende Gartenmauer verwendet werden. Einige, wie die Läuferschicht, sind verhältnismäßig einfach auszuführen, andere, wie im märkischen Verband, erfordern ein handwerkliches Geschick.
Läuferverband. Die Läufer werden aneinandergelegt, die einzelnen Läuferschichten um einen halben Stein versetzt, so daß keine Kreuzfugen, die die Stabilität der Mauer erheblich beeinträchtigen, entstehen. Lange und hohe Mauern dieser Art müssen zusätzlich mit Pfeilern gesteift oder gleich als Doppelmauer gebaut werden.

oben: Ziegelstützmauer im Läuferverband, zwischen tiefliegendem Parterre und restlichem Gartenraum.
unten: Geschwungene Gartenmauer, gebaut aus Langschlagziegeln im Läuferverband. Mauerkrönung als kleines Dach, dessen seitliche Abdeckung durch Ziegel eng an eng gemauert ist.
Architekt: Sir Edwin Lutyens, ausgeführt 1901.
Folly Farm, England.

Binderverband. Alle Ziegel- oder Klinkersteine werden quer zur Mauerrichtung als Binder gelegt, die einzelnen Binderschichten wieder um einen halben Stein versetzt, so daß keine Kreuzfugen entstehen. Eine breite, kleinflächige, gegliederte Mauer mit einem hohen Steinbedarf.

Blockverband. Abwechselnd eine Reihe Binder und eine Reihe Läufer. Die Binderschicht wird durchgehend gemauert, die Läuferschicht jeweils mit einem Halbstein verschoben, hierbei entstehen keine durchgehenden Fugen. Eine sehr starke Doppelmauer.

Gotischer Verband. Jede Schicht besteht aus abwechselnd einem Binder und einem Läufer, Schicht für Schicht ist jeweils um einen Viertelstein versetzt. Im klassischen gotischen Verband müssen die Binder in Flucht übereinanderliegen. Ein Verband, der einen hohen Grad an Können verlangt und der auch auf der Rück- und Vorderseite identisch ist. Unzählige Variationen sind durch die Verschiebung der Ansatzsteine um die Halb- oder Dreiviertelsteine möglich, z. B. durch eine starke diagonale Gliederung der Binder oder betonte Zick-Zack-Richtung der Binder.

Holländischer Verband. So genannt wegen ihrer Verbreitung in den Niederlanden, besteht diese Verbandsform aus einer Binderschicht, abwechselnd mit Schichten aus einem Läufer und einem Binder. Eine sehr starke Mauer, geeignet für lange hohe Einfriedungen.

Vorspringende Steine. Um die Regelmäßigkeit einer Mauer zu unterbrechen und zusätzliche Oberflächenstruktur zu ermöglichen, können einzelne Ziegel in gleichmäßigen Abständen aus der Mauer gezogen werden, so daß ein Überstand von 10–15 mm entsteht. Diese dekorative Gestaltungsart sollte nur bei einfachen Verbandsarten verwendet werden. Die hervorragenden Steine sind anfällig gegen Verwitterung und Abschlagen und sind daher nicht so haltbar wie andere Verbandsarten.

Schattiger, ummauerter Gartenhof.
Die Schichten bestehen aus abwechselnd drei Läufern und einem Binder,
dazu passender Bodenbelag.
Filoli, Kalifornien, USA.

Gartenmauer im Blockverband, eine
der meistverbreiteten Verbandsformen
für Gartenmauern. Eine Rollschicht
wird als Abdeckung verwendet.
Hillbarn House, England.

Läuferverband: Die Läufer werden aneinandergemauert, die Schichten um einen halben Stein versetzt, so daß keine Kreuzfugen entstehen.

Blockverband: abwechselnd eine Reihe Läufer und eine Reihe Binder.

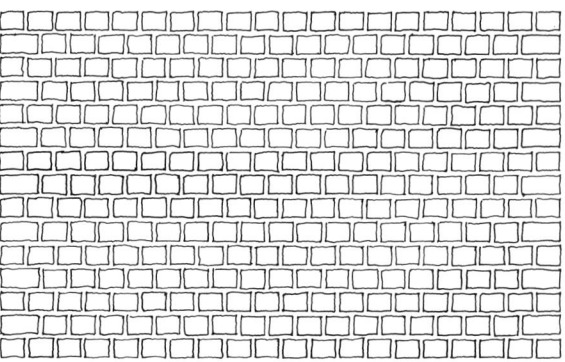

Binderverband: Alle Ziegel oder Klinker werden ihrer Länge nach quer zur Mauerrichtung als Binder verlegt.

Gotischer Verband: in jeder Schicht abwechselnd ein Läufer und ein Binder. Durch die Verschiebung der Ansatzsteine um ein Viertel kann eine starke diagonale Gliederung entstehen.

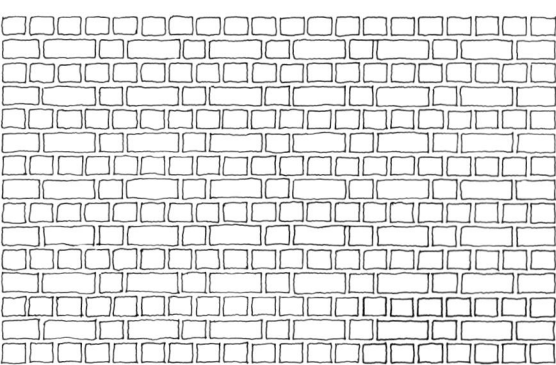

Holländischer Verband: Binderschichten, abwechselnd mit Schichten, bestehend aus einem Läufer und einem Binder.

Mauer in Blockverband mit einzeln vorspringenden Steinen. Die herausragenden Steine sind ungeschützt und anfällig für Bruch.

Mörtel

Der Mörtel verbindet einzelne Ziegel- und Klinkersteine und gibt der Mauer den Halt. Nach DIN 1053 stehen Baustellenmörtel Gruppe II und IIa zur Verfügung, eine Mischung im ausgewogenen Verhältnis, vereinfacht 1 Teil Zement, 6 Teile Sand, gemischt unter Beigabe von Wasser. Das Mischungsverhältnis wird in der DIN 1053 beschrieben und in zwei Formen verwendet:

Frischmörtel, gebrauchsfertiger Mörtel, bereits in verarbeitbarer Konsistenz.
Werktrockenmörtel, eine fertige Mischung, lediglich die entsprechende Menge von Wasser ist beizurühren.

Bei der Verwendung von Mörtel sind folgende Punkte zu beachten:
Mischungsverhältnisse beibehalten.
Sauberes Wasser verwenden.
Gut mischen, um die Bildung von Luftblasen zu vermeiden.
Bereits oder teilverhärteter Mörtel sollte nicht mehr verwendet werden.
Weder bei starkem Regen noch bei Kälte verlegen.

Fugenausbildung

Für das optische Erscheinungsbild sind gleichmäßig starke, sauber ausgeführte Fugen wichtig. Sowohl die Stoßfugen zwischen den Steinen wie auch die Lagerfugen zwischen den Schichten sollten gleichmäßig sein. Vier Fugenausbildungen können verwendet werden:

Glattstrich oder Vollfuge,
Konkave Fuge (die meistverwendete Art),
Schattenfugen und
Abgeschrägte Fugen.

Überreste von Mörtel sollten sofort in frischem Zustand entfernt und vorsichtig trocken abgebürstet werden.

Ausblühungen

Die Ausblühung von Salzen auf der Oberfläche des Mauerwerks beeinträchtigt das optische Erscheinungsbild der Mauer. Ausblühungen entstehen primär durch Feuchtigkeit, indem die vorhandenen kleinen Mengen leichtlöslichen Salzes vom Wasser transportiert werden. Das Wasser verdunstet an die Oberfläche und hinterläßt Spuren von Salzen. Aus diesen Gründen ist es besonders wichtig, daß die Mauer vor Feuchtigkeit geschützt wird, sowohl in Bodennähe wie auch durch Abdecksteine oben. Während der Bauarbeit sollte jedes Teil am Ende des Arbeitstages abgedeckt werden, um die frischgemauerte Fläche vor Feuchtigkeit zu schützen.
Viele Ausblühungen verschwinden durch Witterungseinwirkung. Hartnäckige Ausblühungen müssen mit der Drahtbürste von Hand entfernt werden. Sandstrahlen als Reinigungsmethode ist nicht zu empfehlen, da die Fugen auch entfernt werden.
Nur als letzte Maßnahme sollte Wasser mit Reinigungsmittel verwendet werden. In diesem Fall ist es empfehlenswert, eine Fachfirma mit der Arbeit zu beauftragen.

MISCHMAUERN

Aus ökonomischen, strukturellen oder auch künstlerischen Gründen entstehen Mischmauern. Das Material ist beschränkt vorhanden, der Zukauf ist vom Kostenetat her nicht möglich, so wird alles, was bei der Hand ist, verwendet. Nur die strukturellen Teile, die unteren Fundamentsteine, die Pfeiler und die Abdeckung aus »gutem« haltbarem Material, sind gemauert. Die Füllung besteht aus minderwertigem Material.

Eine erwähnenswerte Art von Mischmauer ist in Berkshire, England, zu finden. Die örtlich vorgefundenen Specksteine werden als Mauerfüllung in Mörtel gesetzt, die Rahmen der Mauer, die Pfeiler, Querleisten und Abdeckung sind aus Ziegeln. Ein ortstypischer, optisch befriedigender Gartenmauertyp. Die ausgesprochen bunten Mauern, Mischungen aus allerlei Material, sind stets Einzelgänger, ungeeignet für unbeschränkte Nachahmung.

ganz links oben
Pfeiler, Abdeckung und Längsbalken
aus Ziegel, Füllung aus gespaltenen
Specksteinen in Mörtel gemauert.
Henbury, England.

links oben
Pfeiler aus Sichtmauerwerk, zurückgesetzte Felder verputzt, Schuppenornament aus halbierten Tonrohren als Mauerabdeckung.
Wien, 19. Bezirk.

oben
Klostermauer in Südkorea, Bruchsteinbasis, verzierte Lehmmauer, Ziegelabdeckung.

unten
Verputzte und anschließend gestrichene Stützmauer mit integrierten Pflanztrögen.
Cap Ferrat, Frankreich.

Mischmauer, eine Einzelausführung, die für uneingeschränkte Nachahmung nicht geeignet ist.
Architekt: Sir Edwin Lutyens, 1911.
The Salutation, England.

PFLANZEN AN DER MAUER

Viele Gartenbücher geben gute Ratschläge zur Bepflanzung auf und an der Mauer. Großbäume, ausgenommen Spalierbäumchen, sollten nicht unbedingt in der Nähe einer Mauer gepflanzt werden. Die Wurzeln könnten die Fundamente berühren, unterwachsen und im schlimmsten Falle die Stabilität der Mauer beeinträchtigen. Bei der Auswahl der Pflanzen ist grundsätzlich folgendes zu beachten:

— Die Himmelsrichtung der Mauern diktiert die Pflanzenauswahl, sonnige Südwände für Beetstauden, schattige kühle Nordmauern für Schattenpflanzen.
— Die Art der Mauer, ob glatte oder rauhe Oberflächen, wärmespeichernde Klinkermauer, kühle, langsam aufwärmende Natursteinmauer, ist für das Gedeihen der Pflanzen wichtig.
— Unverputzte Mauern sind vergleichbar mit Felswänden. Pflanzen aus dieser Pflanzengesellschaft sind für solche Mauern am besten geeignet.
— Bei Kletterpflanzen muß unterschieden werden zwischen Schlingpflanzen, Rankpflanzen und Spreizklimmern, die eine Hilfskonstruktion (wie Drähte oder Holzspaliere) benötigen, und selbstkletternden Pflanzen (Efeu, Wilder Wein, Kletterhortensie), die die Wände ohne jegliche Hilfe hinaufwachsen.
— Am Fuß von Mauern, im Regenschatten von Mauern selbst, ist es trocken, ein regelmäßiges Gießen ist notwendig.

Auch in rauhen Klimazonen hat die Südseite einer Mauer ihr eigenes Mikroklima, in dem wesentlich zartere und empfindlichere Pflanzen als sonst vorgefunden gedeihen können.
Der Wind kann ein Problem darstellen, da eine Mauer nicht winddurchlässig ist und es besonders bei höheren Mauern zur Bildung von Wirbeln am Mauerfuß kommen kann. Für die Pflanzen hat dies möglicherweise eine verheerende Wirkung. Um dies zu vermeiden, soll im Windschatten und nicht auf der windexponierten Mauerseite gepflanzt werden.

Birnbaumspalier beiderseits vom Gartentor an einer Ziegelmauer. Folly Farm, England.

Begrünung einer Gartenmauer:
Selbstklimmer, Parthenocissus tricuspi-
data »Veitchii«. Mit eigenem Schutz-
gitter an der Außenwand gepflanzt.
Oberhausen bei Augsburg.
Planung: Jürgen Schiffler.

*Vorschlag für eine Mauerbepflanzung in sonnigen Lagen:
die Trockensteinstützmauer ist mit weiß-rosa blühenden
Berufkraut (Erigeron mucronatus) übersät. Eine zum Teil
spontane, zufällige Vegetation, die sich zwischen den
Fugen angesiedelt hat.
Im Hintergrund eine Ziegelmauer mit Obstspalier.
Great Dixter, England.*

Ausblick, eines der Clairvoyées in Ammerdown House Gardens, England, gerahmt von Rosen, Schafgarbe, Königskerzen und Fingerhut.

CLAIRVOYÉES

Clairvoyées bezeichnen Durchblicke, offene Fenster im Mauerwerk, manchmal mit einem Gitter versehen. Am Mauerende als Blickachse plaziert, verbinden sie Innen mit Außen. Ursprünglich verwendet in den französischen und englischen Gärten des 17. Jahrhunderts, war dies der erste Schritt einer Öffnung, mit dem die Landschaft in den Garten geholt wurde. Ummauerte Vorgärten der Jahrhundertwende wurden auch mit runden, ovalen oder Halbkreisöffnungen vorgesehen, Gucklöchern, die in diesem Fall einen Blick in die Privatsphäre zuließen.

Die Vorbilder der chinesischen Gartenarchitektur, wo die Blicke und Beziehungen von einem Gartenteil zum anderen durch Öffnung geschaffen wurden, können auch beispielhaft sein für die Gestaltung von Innenhöfen. Ein Blick durchs Clairvoyée zum Nachbar-Innenhof bringt nicht nur Luft und Licht, erweitert auch das doch schmal und gering gehaltene Grün ganz wesentlich.

ÜBER GRENZSTEINE UND EINFRIEDUNGEN

DER GRENZVERLAUF

Grenzen zwischen einem Grundbesitz und dem nächsten können nicht beliebig gezogen werden. Beim Erwerb eines Grundstücks werden Größe, Ausmaß und Grenzverlauf bekanntgegeben. Der amtlich festgelegte Grenzverlauf ist aus dem flächendeckenden Katasterblatt (auch amtlicher Lageplan oder Liegenschaftskataster genannt) zu ersehen und wird durch das örtliche Katasteramt (in größeren Städten Vermessungsamt) verwaltet.

In natura sind die Eckpunkte jedes Grundstücks durch Grenzsteine gekennzeichnet. Zwischen zwei Grenzsteinen liegt in der Regel eine geradlinige Strecke. Die Grenzsteine dürfen weder beschädigt, versetzt, noch entfernt werden und können nur vom örtlichen Vermessungsamt eingemessen und gesetzt werden. Sollte kein Grenzstein vorhanden sein oder Unklarheiten über den Grenzverlauf herrschen, sollte das Vermessungsamt benachrichtigt werden.

Der Standort und die Gestaltung einer Einfriedung an der Grundstücksgrenze sind sowohl rechtlich als auch gestalterisch eingeschränkt. Trennungen innerhalb des Gartens unterliegen, sofern sie keine Bauwerke darstellen und nicht in unmittelbarer Nähe und parallel zur Grenze verlaufen, keinen rechtlichen Einschränkungen und können nach Wunsch errichtet werden.

BAURECHTLICHE EINSCHRÄNKUNGEN

Es ist nichts Neues, daß Vorschriften den Verlauf und die Art eines Zaunes bestimmen. Bereits im 14. Jahrhundert wurde auf der Insel Gotland folgendes vorgeschrieben: »Kein Zaun ist gesetzmäßig, wenn er nicht mit zwei Bändern gebunden und dritthalb Ellen hoch ist bis zum obersten Bände.«

In den alten Pfleg- und Landgerichten wurden genaue Bestimmungen zur Herstellung der Zäune verlesen, speziell über ihre Höhe, Stärke, Dichte und Entfernung zum Nachbarn.

Ob und in welcher Form die neue Errichtung einer Einfriedung zugelassen wird, ist heute in den einschlägigen Rechtsvorschriften festgelegt. In der Bauordnung wird unterschieden zwischen Einfriedungen, die als »bauliche Anlagen« gelten, wie Metall-, Holz- und Kunststoffzäune mit oder ohne Grundmauern (Sockel), oder Beton- und Eisenpfosten sowie Einfriedungsmauern und »andere Anlagen« wie Hecken und sonstige geschlossene Anpflanzungen von Bäumen oder Sträuchern. Drähte innerhalb einer Hecke werden als bauliche Einfriedungen behandelt.

Je nach Standort gibt es andere Regeln, zum Beispiel gelten

— für Grundstücke in der freien Natur, die im Einzugsbereich eines Naturschutz- und Landschaftsschutzgebietes liegen, die hierfür maßgeblichen Vorschriften.

— Einfriedungen an oder in einer bestimmten Entfernung zu Autobahnen und Bundesstraßen fallen in den Geltungsbereich des Straßenrechts.

— Die Erlaubnis zur Errichtung, Herstellung, Beseitigung oder wesentlichen Veränderung der Einfriedungen und Hecken im Flurbereinigungsgebiet ist im Flurbereinigungsgesetz behandelt.

Im Falle eines Baugrundstücks kann eine Einfriedung von der Bauaufsichtsbehörde nur verlangt oder untersagt werden entlang öffentlicher Straßen, Wege und Plätze, nicht aber an der seitlichen oder rückwärtigen Grundstücksgrenze. Laut Artikel 91 Abs. 1 Nr. 4 Bayerische Bauordnung können Festlegungen über Notwendigkeit oder Verbot sowie über die Art, Gestaltung und die Höhe von Einfriedungen getroffen werden. Zum Beispiel wird in der Satzung der Landes-

hauptstadt München über Einfriedung und Vorgärten eine maximale Höhe von 1,50 m vorgeschrieben. Überschreitungen dieser Höhe bedürfen einer Ausnahmegenehmigung.
Einfriedungen müssen verkehrssicher sein,
sowohl in ihrer Anordnung, Höhe und Zustand.
An Eckgrundstücken, Kreuzungen und Einmün-
dungen und auf der Innenseite von Kurven kann
das Freihalten von sogenannten Sichtdreiecken
erforderlich sein oder muß die Einfriedung niedrig bis maximal 1,20 m gehalten oder durchsichtig sein.
Einfriedungen dürfen nicht verunstaltend wirken,
sie müssen sich in die Umgebung einfügen. Bei
Vorgärten soll im allgemeinen der Blick von der
Straße in den Vorgarten frei bleiben, das heißt
transparent mit Holzzäunen, Metall- oder Draht-
gittern ausgeführt werden. Weiterhin kann vorgeschrieben werden, daß Einfriedungen blockweise,
straßen- oder straßenabschnittsweise einheitlich
zu gestalten sind. Ebenso kann im Interesse
einer einheitlichen Gestaltung des Straßenbildes
oder wegen Verkehrsübersichtlichkeit die Errichtung von Einfriedungen untersagt sein.
Für die seitlichen oder rückwärtigen Grundstücksgrenzen gelten gleichermaßen die nach-
barschützenden Bestimmungen des öffentlichen
Baurechts wie auch des Privatrechts.
Einfriedungen, die im Geltungsbereich des
öffentlichen Rechts sind, müssen in einem guten
Zustand erhalten werden. Beschädigte und
schadhafte Einfriedung muß erneuert, Hecken
geschnitten werden. Entsprechende Anordnun-
gen zum Unterhalt werden von den Bauauf-
sichtsbehörden erlassen.

DENKMALSCHUTZ UND EINFRIEDUNG

Einfriedungsmauern, Gitter und Zäune sind
wesentliche Bestandteile eines Grundstücks. Bei
denkmalgeschützten Bauten, obwohl nicht spezifisch erwähnt, gehört die Einfriedung zu den
Ausstattungsstücken und wird als Teil des Ge-
samtensembles betrachtet. Das Denkmalschutzgesetz erteilt ein eindeutiges Veränderungsver-
bot, das untersagt, geschützte Ausstattungs-
stücke zu beseitigen, zu verändern, an einen
anderen Ort zu verbringen oder aus einem Bau-
denkmal zu entfernen. Weiterhin muß eine
Erlaubnis von der Denkmalschutzbehörde eingeholt werden für Anlagen, die in der Nähe von
Baudenkmälern errichtet werden sollen, wenn
die Veränderung sich auf den Bestand oder das
Erscheinungsbild eines der Baudenkmäler aus-
wirken kann. In den Rahmen des Ensemble-
schutzes können mehrere bauliche Anlagen
(Ensemble) gehören, wenn das Orts-, Platz- oder
Straßenbild insgesamt erhaltenswert ist. In den
Stadtvierteln der Gründerzeit stellen die Vorgär-
teneinfriedungen einen wesentlichen und präg-
nanten Teil des Straßenbildes dar. Festgelegt in
Form und Höhe sind die Einfriedungen als Teil
des Gesamtwerkes anzusehen, die nicht nur das
einzelne Bauwerk, sondern auch die Straße ver-
schönern sollten.
Die Art und Form der Vorgarteneinfriedung wurden von vielen Städten vorgeschrieben. So
setzte die Stadt Köln Ende des 19. Jahrhunderts
in ihren »beschränkten Vorgartenvorschriften« zur
Errichtung von Einfriedungen fest: »An der Stra-
ßenfluchtlinie sowie an den Nachbargrenzen ist
ein Eisengitter auf einem Steinsockel zu errich-
ten. Der Sockel soll 20–50 cm, das Gitter 1,00 bis
1,50 m über dem Trottoir hoch sein.«
Die Gitter mögen unterschiedliche Gestaltungsformen gehabt haben, das Gesamtbild war einheitlich. Bei näherer Betrachtung wurden Ele-

*Eine Vorgarteneinfriedung im Stil der Jahrhundertwende
um eine denkmalgeschützte Villa in München. Die Buchsbaumhecke samt angedeuteter Säulen wird nach der
Originalgestaltung mühevoll gepflegt.*

mente des Fassadenschmucks, etwa der Balkongeländer, in die Eisengitter aufgenommen. So erhielt das Anwesen eine individuelle Handschrift und wirkte als Gesamtwerk. Bei einem Barockschloß ist es eindeutig, daß nicht nur das Schloß, sondern die gesamte Anlage samt Wirtschaftsgebäuden und Einfriedung unter Denkmalschutz stehen. Bei einem denkmalgeschützten Mietshaus dagegen werden häufig nur die Außenwände und der Innenbereich als geschützt betrachtet und nicht das Gesamtgrundstück. Die Einfriedung und das Tor stehen ebenso unter Schutz wie die Haustüren. Die Beseitigung von Einfriedungen raubt dem Bauwerk seinen Rahmen, entwertet und verändert das Erscheinungsbild und zerstört die rhythmische Abfolge des Straßenbildes. Die Aufstellung von denkmalgeschützten Bauten ist über Denkmalschutzbehörden erhältlich.

NATUR- UND LANDSCHAFTSSCHUTZGEBIETE

In den seltenen Fällen der Errichtung eines Neubaues oder der Renovierung eines Anwesens im Landschaftsschutzgebiet sind besondere Auflagen zu beachten. Ziel eines solchen Schutzgebietes ist es, die Lebensgemeinschaften und Lebensräume wildwachsender Pflanzen zu schützen und soweit wie möglich wiederherzustellen. Im Falle von Heckenpflanzung soll die Art der Hecke der ortstypischen entsprechen. Weiterhin sollen ausschließlich heimische, standortgerechte Pflanzen verwendet werden. Auch wenn der Eigentümer oder Mieter dies möchte, sind exotische, fremdländische Pflanzen hier falsch am Platz und dürfen keinesfalls verwendet werden.
Bei Hecken und dichtem Gehölz mit Einfriedungscharakter, einer sogenannten lockeren Hecke, können die Gemeinden mit einer Pflege-

verordnung vorschreiben, daß sie mindestens einmal jährlich geschnitten wird.

NACHBARRECHT UND EINFRIEDUNG

Seitliche und rückwärtige Grundstücksgrenzen, die nicht an öffentliche Straßen, Wege oder Plätze angrenzen, unterliegen dem Privatrecht. Um eventuelle Streitigkeiten zu vermeiden, wird empfohlen, bei der Errichtung von neuen Einfriedungen die Hinweise des Nachbarrechts und die Vorschriften zum Grenzabstand des öffentlichen Baurechts zu beachten sowie den Nachbarn zu informieren.
Zum einen ist dies eine höfliche Geste, ihm die Maßnahmen, die grenzübergreifende Auswirkungen haben könnten, bekanntzugeben, zum anderen kann es in einzelnen Fällen nötig sein, das Einverständnis des Nachbarn schriftlich einzuholen.
Das Bürgerliche Gesetzbuch (BGB) ist für private Streitigkeiten maßgebend. Es wird unterschieden zwischen vorhandener Einfriedung, Neuerrichtung, Erneuerung bzw. Instandhaltung. Vorhandene Einfriedungen genießen unter Umständen Bestandsschutz. Im Falle von denkmalgeschützten Anwesen sind sie ein Bestandteil desselben und stehen somit auch unter Schutz.
Bei der Standortauswahl sind zwei Lösungen mit unterschiedlichen Auswirkungen möglich, auf der Grenze und an der Grenze.

Auf der Grenze

Die Einfriedung ist auf der Grenze zur Hälfte in jedem Grundstück und damit eine gemeinsame Anlage. In § 921 BGB wird dies deutlich ausgedrückt: ». . . werden zwei Grundstücke durch einen Zwischenraum, Rain, Winkel, einen Graben, eine Mauer, Hecke, Planke oder eine an-

dere Einrichtung, die zum Vorteil beider Grundstücke dient, voneinander geschieden, so wird vermutet, daß die Eigentümer der Grundstücke zur Benutzung der Einrichtung gemeinschaftlich berechtigt seien, sofern nicht äußere Merkmale darauf hinweisen, daß die Einrichtung einem Nachbarn allein gehört.«
Art der Einfriedung, Kosten und Unterhalt derselben müssen mit den Nachbarn abgestimmt und in gleicher Höhe getragen werden.

An der Grenze

Die Einfriedung wird innerhalb des Grundstücks errichtet. Art und Maß müssen sich an die Bauvorschriften halten. Bei bepflanzten Einfriedungen wie beispielsweise Hecken muß bei Pflanzen mit einer Höhe bis 2 m (in gewachsenem Zustand) ein Mindestabstand von 50 cm ab Pflanzmitte bis zur Grenze sein. Pflanzen mit über 2 m Höhe müssen von der Strauchmitte gemessen 2 m von der Grenze entfernt sein. Pflanzungen, an eine landwirtschaftliche Fläche angrenzend, unterliegen anderen Regeln. So müssen z. B. Pflanzen höher als 2 m, vor allem Bäume, einen Abstand von 4 m haben. Anpflanzungen vor 1900 wie auch landwirtschaftliche Bepflanzungen, die in Natur- und Landschaftsschutzgebieten liegen, stellen eine Ausnahme dieser Regel dar. Unter Beachtung dieser Regel hat der Eigentümer relativ freie Hand bei der Gestaltung der Einfriedung. Dies kann zur Paralleleinfriedung führen, ist bei baulichen Anlagen selten der Fall, trifft jedoch für gepflanzte Einfriedungen öfters zu.

Die Erneuerung einer vorhandenen Einfriedung bedarf keiner Genehmigung und wird sogar noch gefördert, wenn die Einfriedung in schlechtem Zustand ist. Die Einfriedung muß jedoch im Einklang mit den örtlichen Vorschriften und gegebenenfalls dem Denkmalschutzgesetz sein und sich gestalterisch der Umgebung anpassen.

Das Ersetzen eines Metallgitters an einem denkmalgeschützten Gebäude durch einen plastikummantelten Maschendrahtzaun ist nicht im Sinne der Vorschriften und Gesetze, noch ist es die Erneuerung eines Lattenzaunes vor einem Fachwerkhaus durch ein barockes Gitter.
Dagegen müssen die Wünsche der Eigentümer, den Besitz klar abzustecken und zu kennzeichnen, bei einer *Neuerrichtung* mit den Bauauflagen koordiniert und das Nachbarrecht berücksichtigt werden. Im Zweifelsfall sollte der Rat der Aufsichtsbehörde eingeholt werden.
Für Fachleute, Architekten und Landschaftsarchitekten ist die eingehende Befassung mit den bundes- und landesrechtlichen Vorschriften dringend zu empfehlen. Für die Erstellung dieses Textes wurde der Gesetzestext der Bayerischen Bauordnung mit Kommentar von Dr. Alfons Simon, Stand Februar 1991 (C.H. Beck'sche Verlagsbuchhandlung, München) verwendet.

ANHANG

BILDNACHWEIS

Charlotte Blauensteiner   136 unten
Helga und Wolfgang Bünnagel   31 unten,
  77 oben
Uli Gardies 47 oben
Gottfried Hansjakob   35, 41, 78 oben, 101 oben
Heidi Howcroft   16, 18 oben, 19 unten, 26 unten,
  34 unten, 39 unten, 42 unten, 46, 50, 53, 54,
  58, 59, 61, 65, 71 unten, 73 oben, 74 oben, 79,
  80, 84 rechts, 85, 88 rechts, 88 unten links,
  97 links, 100, 101 unten, 104, 106, 107 links,
  108 links, 109 rechts, 113 links Mitte, 113 unten,
  118, 126, 127 unten, 130, 133 oben, 134 unten,
  140, 141 oben, 144 links oben, 145 unten, 146,
  147
Peter Howcroft   2, 19 oben, 43, 64, 71 oben,
  84 links, 95, 97 rechts, 99, 103, 115, 127 oben
  links, 129, 132, 133 unten, 137, 142
Stephan Kirchner   23, 127 oben rechts

F. S. Kustermann   113 oben links, 114 unten, 116
Georges Lévêque   30, 31 oben
Karl Ludwig   22, 26 oben, 44 rechts, 45, 52, 60,
  67, 69, 74 unten, 77 unten, 78 unten, 122 oben,
  123
George Meister   Titel, 9, 12 oben, 14, 21, 70, 73
  unten, 89, 102, 111, 112, 114 oben, 117, 131,
  143, 153
Christina Menzebach-Fuß   12 unten, 36, 51, 134
  oben, 135, 141 unten, 144 unten, 148, 149
Dore Müller   122 unten
Wolfgang Niemeyer   66, 75, 121, 124, 145 oben
Wolfram Stehling   15, 27, 34 oben, 44 links,
  47 unten, 48, 55, 57, 72, 73 mitte, 82, 83, 86, 87,
  90, 94
Gerhart Teutsch   76
Jacques Thomas   62, 63
Hedwig Zdrazil   11, 17, 18 unten, 28, 38/39 oben,
  42 oben, 81, 88 oben links, 98, 105, 107 rechts,
  108 rechts, 109 links, 110, 113 rechts, 119, 120,
  136 oben, 144 oben rechts

LITERATUR

Allgemein

The Territorial Imperative
Robert Ardrey
1975, Glasgow
William Collins Sons & Co. Ltd.

Woodland Crafts in Britain
H. L. Edlin
1949, London
B. T. Batsford

Landscape Construction
Volume 1 Walls, Fences and Railings
C. S. Fortlage and E. T. Phillips
1992, Gower

Zäune und Mauern
Wolfgang Lauter
1984, Dortmund
Harenberg Verlag

The Art and Craft of Garden Making
Thomas H. Mawson
1901, London
B. T. Batsford

The Forester, Voll II
John Nisbet
1905, Edinburgh, London
William Blackwood and Sons

The Forgotten Arts
A practical guide to traditional skills
John Seymour
The National Trust/Dorling Kindersley

Der Städtebau
Joseph Stübben
1890, Braunschweig/Wiesbaden
Reprint
Vieweg Verlag

Fences and Gates
1984, California
Lane books

Zäune, Gitter, Tore
Ausstellungskatalog zur Ausstellung
der Handwerkspflege in Bayern
1986, München
Bayerischer Handwerkstag

The Modern Carpenter and Joiner
and Cabinet Maker Vol. 8
Ed. G. Lister Sutcliffe
1902, London
The Gresham Publishing Company

Hecken

The Book of Topiary
Charles H. Curtis & W. Gibson
1985, Rutland, Vermont & Tokyo, Japan
Charles E. Tuttle Co. Inc.

Schöne Hecken
für Garten und Landschaft
Eckhard Jedicke
1991, Stuttgart
Eugen Ulmer GmbH & Co.

Zäune

Bamboo
Robert Austin, Dana Levy, Koichiro Veda
1980, New York und Tokyo
Weatherhill

Volkskundliches aus dem bayerisch-
österreichischen Alpengebiet
Marie Andree Eysen
1910, Braunschweig

Woodworking
A book of Tools, Materials and Processes
for the Handyman
Edited by Paul N. Hasluck
1906, London, Paris, New York & Melbourne
Cassel and Company Limited

Das Zimmermanns Buch
Theodor Krauth und
Franz Sales Mayer
1895, Leipzig
A. Seemann Verlag

Gitter

Schmiedeeiserne Gitter, Tore und Geländer
Margarete Baur-Heinhold
1977, München
Callwey-Verlag

Das Schlosserbuch
Theodor Krauth und
Franz Sales Mayer
1897, Leipzig
A. Seemann Verlag

Price Book of the Country Gentlemens
Association Ltd.
1932, Letchworth
Herts

Mauern

Natursteinarbeiten
Alfred Baetzner

1958, 1989, Stuttgart
Eugen Ulmer GmbH & Co.

Dry Stone Walling
The British Trust for
Conservation Volunteers
1977, London
Wembley Press

Lebendige Mauern
Ausstellungskatalog zur Ausstellung
der Handwerkspflege in Bayern
1989, München
Bayerischer Handwerkstag

DIN-Normen

DIN 105   Mauerziegel Teil 1, Teil 3
DIN 1199   Drahtgeflecht mit viereckigen
            Maschen
DIN 1200   Drahtgeflecht mit sechseckigen
            Maschen
DIN 68365 Bauholz für Zimmerarbeiten

Recht

Bayerische Bauordnung
Band I und II
Dr. Alfons Simon
Stand Februar 1991
C. H. Beck'sche Verlagsbuchhandlung

Beck'sche Kurz-Kommentare Band 7
Palandt Bürgerliches Gesetzbuch
1989, München
C. H. Beck'sche Verlagsbuchhandlung

Rund um die Gartengrenzen
Eine Information aus dem Bayerischen
Staatsministerium der Justiz

Für schöne Gärten

Wolfgang H. Niemeyer
**Schöne Gärten –
einfach zu pflegen**
*Anregungen, Ideen,
Entwürfe*
160 Seiten mit
36 farbigen und
118 sw. Abbildungen,
104 Pläne.
Broschiert.

Horst Schümmelfeder
Terrassen
*Gestaltung, Anlage,
Ausstattung. Vom
kleinen Sitzplatz bis
zur Wohnterrasse*
160 Seiten mit
20 farbigen und
174 sw. Abbildungen.
Broschiert.

Die Buchreihe rund ums
Haus informiert den
Hausbesitzer und den Gärtner
über aktuelle Tendenzen bei der
Gestaltung von Haus und Garten
und macht den Bauherrn zum
kompetenten Gesprächspartner.
Alle Bücher sind reich bebildert,
mit erklärenden Skizzen, Plänen und
Grundrissen versehen. Ob man
einen Teich anlegen will oder die
Terrasse neu pflastern möchte,
ob der „veraltete" Garten
aufgefrischt oder ein Gartenhaus
gebaut werden soll – diese Bücher
zeigen, wie's gemacht wird!

Heidi Howcroft
**Pflaster für Garten,
Hof und Plätze**
*Planen, Verlegen,
Konservieren*
152 Seiten mit
37 farbigen und
160 sw. Abbildungen.
Broschiert.

Horst Schümmelfeder
Der Vorgarten
*Raum zwischen Straße
und Haus. Funktion,
Gestaltung, Beispiele*
160 Seiten mit
42 farbigen und
182 sw. Abbildungen.
Broschiert.

Callwey Verlag München